艺术品拍卖投资考成汇典系列

Yi Shu Pin Pai Mai
Tou Zi Kao Cheng Hui Dian Xi Lie

中国古代
黄花梨家具
拍卖投资
考成汇典

关毅 编著

ZHONG GUO GU DAI
HUANG HUA LI JIA JU
PAI MAI TOU ZI
KAO CHENG HUI DIAN

中国书店

图书在版编目（CIP）数据

中国古代黄花梨家具拍卖投资考成汇典 / 关毅编著. – 北京：
中国书店, 2014.1
ISBN 978-7-5149-0918-0

Ⅰ.①中… Ⅱ.①关… Ⅲ.①降香黄檀—木家具—拍卖
市场—研究—中国 Ⅳ.①F724.785

中国版本图书馆CIP数据核字(2013)第259649号

中国古代黄花梨家具拍卖投资考成汇典

选题策划：春晓伟业
作　　者：关毅
责任编辑：柏实
装帧设计：耕莘文化

出版发行：中国书店
地　　址：北京市西城区琉璃厂东街115号
邮　　编：100050
印　　刷：北京圣彩虹制版印刷技术有限公司
开　　本：889mm×1194mm　1 / 16
版　　次：2014年1月第1版　2014年1月第1次印刷
字　　数：190千字
印　　张：15
书　　号：ISBN 978-7-5149-0918-0
定　　价：398.00元

作者简介

关毅，字道远，号理成居士，清皇室满族镶黄旗人，
文物鉴赏家，收藏家，宫廷家具修复专家。
现任中国文物学会传统建筑园林委员会副秘书长，
中国紫禁城学会理事，
北京世纪宣和中式古典家具技术研究院院长，
著名红木企业太和木作创办人，
故宫博物院乾隆花园古旧文物家具修复研究项目负责人。
关毅先生长期从事古旧文物家具鉴定研究、修复的工作，
他所修复的古家具还原了古典家具的历史风格，恢复了其应有的
艺术价值。

2007年

关毅先生为北京奥运会设计的作品"中华玉文房"紫檀木提匣被
瑞士洛桑奥林匹克博物馆永久收藏。

2008年至今

关毅先生亲自主持故宫博物院乾隆花园古旧文物家具勘察修缮与
内檐装修大修工程，抢救了大量珍贵的历史文物。

2010年9月

关毅先生主持修复的"乾隆花园古典家具与内装修设计展"，在美
国马萨诸塞州皮博迪埃塞克斯博物馆正式向公众开放，轰动全美。

2011年1月31日

关毅先生主持修复的部分文物家具在美国纽约大都会艺术博物馆
举办的"养性怡情乾隆珍宝展"中惊艳全球。

2012年6月12日—10月14日

为庆祝香港回归十五周年，关毅先生主持修复的故宫乾隆文物家
具展在香港隆重举办，成为中华民族文化史上一大盛事。
关毅先生同时担纲多家拍卖公司艺术品投资顾问，经其鉴定修复
的古家具不计其数。
关毅先生出身满族世家，系清皇室贵胄，自幼诗礼传家，年少时
留学海外，眼界高远，学贯中西，思接古今。
关毅先生研究古典家具独辟蹊径，学术研究与创新屡有超越前人
之处。

1. 关毅先生向诺贝尔和平奖获得者、南非共和国前总统德克勒克先生赠送"太和充满"牌匾

2. 古斯塔夫·艾克夫人曾佑和女士向关毅先生赠送《中国黄花梨家具图考》一书并题词

3. 香港著名古董家具收藏家、嘉木堂主人伍嘉恩女士莅临香港艺术馆

4. 香港著名古家具收藏家、"攻玉山房"主人叶承耀先生（左）莅临香港艺术馆

5. 关毅先生与故宫博物院研究馆员胡德生先生在故宫太和殿前合影。

6. 关毅先生亲自参与故宫文物勘察与修复

前　言

中国古代家具是中华民族传统文化中，遗存最丰富、内容最广泛并与社会生活联系最紧密的物质文化遗产。一件件精美的古代家具不仅是中国古代社会历史持续发展和生产力水平不断提高的缩影，更能映衬出各个历史时期在社会制度、思想文化、生活习俗、审美情趣等方面的成就和变迁。中国古代家具文化，无疑是博大精深的中华民族传统文化及华夏艺术宝库中最不可分割和最辉煌灿烂的重要组成部分。

面对如此浩瀚、深邃、厚重而又极具质感魅力的文化瑰宝，以我一个学戏剧出身的"门外汉"底子，企图从中获取一二心得，实有力不从心之感。我知道，这一切都是因为自己"盛名之下，其实难副"惹的祸。数年前，缘于自己血液之中那一点点"皇室血脉"的感召，加之从小浸染于金石书画、古玩瓷器之中，那一层层耳濡目染的精神发端，又承蒙中国文物学界专家、学者、朋辈师友们的提携和推举，个人勇于进取，一气呵成，创办了"北京世纪宣和中式古典家具技术研究院·太和木作"，并担任院长一职。"太和木作"视传统文化的仁、义、礼、智、信为纲常，奉传统制作工艺为圭臬，以新知而利天下。盖因于此，积个人多年夙愿，编辑完成了《中国古代家具拍卖投资考成汇典》丛书。可以说，是自己多年以来向喜好中国古典家具的读者朋友们交的一份答卷。

《中国古代家具拍卖投资考成汇典》系列丛书涵盖漆木、黄花梨木、紫檀木、红木和柴木等五个不同主题，旨在对近年来一浪高过一浪的国内古代家具市场，在"拍卖与投资"两大领域的湍急潮流之中，梳理出一条可知可鉴的"实物线索"，为热爱中式古典家具的朋友们，提供可资借鉴的参考。更希望它能成为广大家具收藏爱好者，实用而具指导意义的案头必备读物。

《中国古代家具拍卖投资考成汇典》系列丛书除按材质工艺分为上述五卷外，各卷均按照家具的使用功能将拍品大致分为坐具、卧具、放置陈设、贮藏、屏蔽、文房及其他六大类。经过精心挑选、认真辨伪，精选了近二十年间国内高端拍卖行的拍品，并附有详细的拍卖交易信息。同时按照家具的器形由简而繁，拍卖的价格由高到低，参照纹饰风格等，进行梳理排列，以求全面、客观、真实地反映中国古代家具的拍卖导向。

《中国古代家具拍卖投资考成汇典》系列丛书不仅具有很强的实用价值，还兼具一定的鉴赏价值。我们的意图是，让读者朋友们在实现快捷搜索和查询的同时，获得视觉和感观上的审美愉悦，以满足广大家具爱好者的投资和鉴赏需求。

《中国古代家具拍卖投资考成汇典》系列丛书秉承精益求精的原则，以谨慎入微的态度去遴选和甄别每一件拍品。真诚希望它们不但能成为古典家具断代、辨伪的标杆，同时也能让朋友们尽可能全面掌握古典家具拍卖投资的第一手资讯；将书中的相关拍卖知识融会贯通，转化成能提升收藏投资回报的最大收益。当然，更希望它能在近年来古典家具投资市场的无限商机中，提供给朋友们一个理性分析和灵动预测的参考空间，便于大众了解和掌握中国古典家具的精华。

古代中式家具的内涵极其广博，集材质美、造型雅、结构考究、工艺精湛于一体，有着深厚的人文内涵和隽永的艺术生命力，又因其独特的历史文化价值，具有很大的升值空间。今天，随着人们物质生活的蒸蒸日上，投身参与古代家具投资与收藏队伍的人越来越多，尽管我们每一个人对于古代中式家具的鉴赏能力，或良莠不齐，或见仁见智，但深入其中，终究能发现有许多"规律"可寻。这样的"规律"既代表了对于中国古代家具最高水平的鉴赏，同时也意味着它身处今天的市场经济中，真实可信的货币价格和历史文化的艺术人文的价值评估。

柯林武德说："过去的历史今天依然活着，它并没有死去。"每天穿梭于一地古香典雅、满眼历史印痕的故宫，日往月来，年复一年，对于古典家具的审美激情催人华发早生。看着眼前这累累的文字书稿，留连于一张张精致的古典家具图片，想着这些年来辛苦积攒起来的经验和心得，禁不住心情舒畅起来，产生许许多多"知遇"的感慨。这种舒畅是源远流长的中华传统文化赐予我的人生幸运，这样的"知遇"是无数热爱中国古代家具的人们，共同传递给我的美妙的福气，这样的知足感恩是自己心心念念积蓄起来的点点滴滴最真实的感受。

但愿我们的努力能为弘扬中华木作文化尽一份绵薄之力，则余愿足矣！

北京世纪宣和中式古典家具技术研究院院长

关毅

2013 年 9 月 2 日

中国古典家具拍卖二十年

关毅

一、古典家具拍卖起步虽晚但方兴未艾

拍卖系舶来品,自十九世纪七十年代传入中国,伴随着中国社会的兴衰更替,历经百余年沧桑。中国古典家具最初只是在专业人士及爱好者中探讨,国人习焉不察,所以第一个为中国传统家具著书立说的人反倒是德国人古斯塔夫·艾克(Gustav Ecke)。1944 年艾克和其助手杨耀出版了《中国花梨家具图考》。1971 年,美国人安思远(R. H. Ellsworth)完成《中国家具》(Chinese Furniture)一书,在中国家具研究史上占有重要一席。

1983 年,王世襄先生的《明式家具珍赏》及后来的《明式家具研究》相继问世。此后,有关中国古典家具的研究、收藏、展览、出版呈现"繁花万树迷人眼"的景象,让国人知晓古典家具作为高雅文化,兼具实用性、观赏性和收藏价值,既可实用,也可宝藏,能够充分体现藏家的品位。

1985 年之后,随着我国经济体制改革的不断深化,拍卖交易迅速恢复和发展。古典家具拍卖起步虽晚,但因为其厚重的文化含量和巨大的经济价值,日益受到人们的喜爱和重视,发展势头方兴未艾。

从 1994 年秋季开始,中国古典家具进入拍卖领域,当年中国嘉德和北京翰海共同推出十件黄花梨拍品,虽然上拍量较少,价位也低,但在中国拍卖交易史上及古典家具收藏研究领域却具有重要的里程碑意义。从那时算起,中国古典家具拍卖走过了二十年不平凡的历程。

1996 年,纽约佳士得总部举行了一场中国古典家具拍卖会,这是一场标志性的拍卖会。来自全世界的三百多位收藏家、文博专家、实业家参加拍卖,参拍的 107 件中国明清古典家具无一例外全部成交,创造了国际拍卖市场上少有的奇迹,因此被业界称为中国古典家具跻身世界级重要拍卖品行列的标志。

曾几何时,一代鉴古大家王世襄面对"文革"中明清家具惨遭毁坏的惨状,仰天长啸:"中岁徒劳振臂呼,檀梨惨殛泪模糊。"而面对"文革"之后古典家具拍卖的中兴,又令王世襄先生喜不自禁,"而今喜入藏家室,免作胡琴与算珠。"

到 2004 年秋,古典家具的关注度得到进一步提高,价位首次突破千万元大关。而从 2009 年秋开始,古典家具拍卖市场迅猛发展,并在 2010 年春形成历史高峰,上拍量为 289 件。2011 年,古典家具的拍卖场次安排趋于频繁,仅中国嘉德就举办了七场家具拍卖,春拍更是获得两个专场 100% 的非凡成交业绩。

从近年拍卖数据来看,古典家具行情稳步上升:

2007 年 5 月,香港佳士得,清朝康熙御制宝座拍出 1376 万港元,打破了御制宝座的世界拍卖纪录。

2007 年 11 月,北京保利,清乾隆紫檀方角大四件柜以 2800 万元人民币创下了中国明清家具拍卖的世界纪录。

2008年4月，中国嘉德，清乾隆紫檀雕西番莲大平头案，拍出3136万元人民币。清乾隆紫檀束腰西番莲博古图罗汉床以3248万元人民币刷新中国明清家具拍卖的世界纪录。

2008年，纽约苏富比中国古典家具的成交率高于其80%的普遍成交率，明代家具更是百分百成交。

2009年10月，香港苏富比，清乾隆御制紫檀木雕八宝云纹水波云龙宝座以8578万港元的拍卖价格再破中国家具世界拍卖纪录。

随着时间推移，到2010年，秋拍市场成交最火爆、竞价最激烈的拍品是什么？就是中式古典家具。2010年11月20日，一件清乾隆"黄花梨云龙纹大四件柜（一对）"在中国嘉德"秋光万华——清代宫廷艺术集粹"专场以3976万元人民币成交，创造了黄花梨家具拍卖新纪录。而这个纪录仅仅保持了一天，就在次日，一张明代黄花梨簇云纹马蹄腿六柱式架子床以4312万元再次刷新拍卖纪录。

此次中国嘉德推出的黄花梨家具专场拍卖，100%成交，总成交额2.59亿元人民币。同时，国内其他拍卖公司古典家具拍卖也红红火火。特别是以黄花梨、紫檀为代表的硬木家具，因其资源极度匮乏且具有巨大的升值潜力，成为了继书画、瓷器和玉器之后的又一令人瞩目的收藏热点，业内人士用一句话概括古典家具拍卖："火的不得了"。

随着国民生活水平不断提高以及投资理念的转变，作为现代服务业的一个重要组成部分，中国古典家具拍卖必将迎来更加广阔的生存空间，面临更大的发展机遇。

二、明清古典家具拍卖最具升值空间

中国传统家具的精髓在于神，不在于形。形之千变万化，由战国及秦汉及晋唐及宋元及明清，脉络可理；由低向高是中国家具的发展态势，由简向繁是中国家具的演变。在中国古典家具中，无论是卧具、承具、坐具还是庋具，都可以撇开形式，向后人讲述它跨时空存在的意义及看不见的精神享受。

中国古典家具，尤其明清家具，设计理念深受传统文化的影响。一是秉承天人合一的思想，极为重视原木材质及其纹理的运用，产生了质地坚硬、色泽幽雅、肌理华美的自然之美，以及稳重大气、简洁流畅的态势之美；造型上大到整把圈椅，小到牙板、马蹄脚等寓意生动，充分表现出造物与自然之物的和谐。二是色彩厚重而不沉闷，华美而不艳俗，比例尺度严密，圆中有方、方中见圆的设计理念，体现出中国古代天圆地方的哲学思想。三是曲线与直线的对比，柔中带刚，虚实相生，灵动而沉着的设计理念充分显示出"顺应自然，崇尚节俭"的生活信条，"不以物喜，不以己悲"的处事原则和"抱朴守真，寂空无为"的价值取向。四是在家具上雕饰大量吉祥图案，满足了人们的精神需求。

收藏升值潜力高的古典家具，原材料很重要，越罕有价越高。其中紫檀木、黄花梨木、鸡翅木、铁力木并称中国古代四大名木。

古典家具中，首选紫檀，因其宫廷专用，民间极少见。产自印度的小叶紫檀，又称檀香紫檀，是目前所知最珍贵的木材，是紫檀木中最高级的一类。而常言十檀九空，最大的紫檀木直径仅为二十厘米左右，难出大料，其珍贵程度可想而知。同时受生产力交通运输原因，至清代，来源枯竭，这也是紫檀木为世人所珍视的一个重要原因。紫檀家具的特色是重装饰多雕工花纹，与明清时代的简约风格截然不同，特别受国内买家追捧。

黄花梨的稀有程度仅次于紫檀。黄花梨俗称"降香木"，红木国标定为香枝木类，木质坚硬，纹理漂亮，在木料、颜色及耐看性方面较高，是制作古典硬木家具的上乘材料。其树种降香黄檀虽易成活，但成材却需要上千年的生长期，所以早在明末清初，海南黄花梨木种就濒临灭绝。因此，留存至今的黄花梨家具十分珍贵。

从年代和造型风格来看，明清家具作为中国古典家具中的精华，成为拍场上众多藏家眼中青睐的珍宝。目前最具升值潜力的家具有三，其一是明代和清早期在文人指点下制作的明式家具，木质一般都是黄花梨；其二是清康雍乾时期由皇帝亲自监督，宫廷专造，挑选全国最好的工匠在紫禁城里制作的清代宫廷家具，木质一般是紫檀木；其三是如今市场趋热的红木家具，虽然不比紫檀、黄花梨，但在审美情趣上较多体现了明清家具的遗韵，有着很大的收藏价值。这三类家具虽然市场价格很高，但从投资角度看，仍最具升值空间。以2012年春拍为例，明清古典家具以及宫廷御制珍品受到藏界的追捧。数场拍卖会成交不俗，上升之势明显。

三、古典家具拍卖虽经历短暂低迷，但前途大好

2012春季拍卖会，由于金融市场和房地产市场双双低迷，春拍的上拍量都有所减少、规模有所压缩。2012年冬，各个拍卖公司的秋季拍卖会接踵而至。不过近年来一路看涨的艺术品市场却突然唱出了"休止符"，不少艺术品的拍卖行情低迷。在中国嘉德的秋拍中，以"姚黄魏紫"命名的明清古典家具专场拍卖，集中了当今古典家具收藏的巅峰之作，120多件拍品数量空前。然而多件拍品出现流拍，其一、二两个专场成交率分别为34.04%与46.97%，总成交额仅为2.3亿元。

面对显出疲态的市场，质疑古典家具收藏市场行情的声音多了，也有人认为"秋拍季"就是艺术品投资的"拐点"。那么，艺术品收藏市场是否由热趋冷了呢？

实际上，艺术品投资收藏市场的资金周转速度慢，在短期内出现这么频繁和大规模的拍场安排，很容易使现有的市场容量趋于饱和。这导致两方面的结果：一方面水涨船高，古典家具的价位在屡次拍卖中节节攀升；另一方面，收藏者手

里已经有了一定藏品的积累，拥有了一些重量级的家具，这也使得他们在后面的拍卖中表现得更为谨慎。

古典家具市场的相对低迷，也正是短期内行情持续走高而需要调整适应的表现。艺术品市场专家认为，由于此前家具专场拍卖都比较成功，卖家纷纷要求把拍品估值调高，而这是违背拍卖业低估高卖的规律的，所以导致大面积流拍。

近几年来，随着经济发展和人们投资心态加重，古典家具市场新的买家不断涌现，急剧拉升市场行情。一方面，圈内玩家缺乏足够的资金去购买，因而更多地选择谨慎观望；另一方面，新玩家虽然资金相对充裕，但相对缺乏鉴别真伪的能力，在拍卖中往往表现出随大溜的跟风心理，在局势不明、大多观望的古典家具拍卖市场中，他们也往往受影响而犹疑不决。

家具拍卖行情低迷，是否表示目前的古典家具领域已经出现价格泡沫？

其实，如果与书画等其他艺术收藏品相比，古典家具还存在升值空间。从拍卖价格上说，书画拍卖过亿的情况屡见不鲜，但中国古典家具始终没有步入这一行列。

目前，中国古典家具受到海外收藏家的争相追捧及各大博物馆的收购珍藏。由于古典家具结合了最好的材质，如纹理瑰美的黄花梨和肃穆大方的紫檀；运用了最好的工艺，如其榫卯非常精巧，因此承载了深厚的中国古代建筑美学内涵。古典家具还有很大的实用和欣赏价值，布置在居

室中，美观好看。更由于古典家具资源十分有限，经典的精品佳作稀缺难求。因此，其市场潜力还有待进一步挖掘。

即便在价格连续攀升而使买家普遍观望的市场行情中，精品家具还是能受到买家的欢迎而拍到理想的价格。以 2012 年春拍为例，此次拍卖虽然成交率低，但其中五件精品家具还是突破了千万元的价格而顺利成交，其中一件从恭王府流出的清宫御用家具"清乾隆紫檀雕西番莲庆寿纹宝座"，更以 5750 万元夺魁。

可见，社会对古典家具的购藏热情并没有消退。只要中国的宏观经济不发生大的波折和逆转，随其持续稳定的发展，未来古典家具投资收藏的需求必然增加，古典家具市场的容量和实力也将得到壮大。

目录

坐具

中国古代黄花梨家具
拍卖投资考成汇典

ZHONG GUO GU DAI HUANG HUA LI
JIA JU PAI MAI TOU ZI KAO CHENG
HUI DIAN

001

002

001

黄花梨龙纹交杌（一对）

年　　代：17世纪晚期/18世纪早期

尺　　寸：高49.5厘米　长56.2厘米　宽49厘米

拍卖时间：纽约佳士得　1997年9月18日

　　　　　毕格史家藏中国古代家具　第29号

估　　价：USD 120,000-180,000

002

黄花梨麒麟纹宝座椅

年　　代：17世纪

尺　　寸：高127厘米　宽52.7厘米　深54.6厘米

拍卖时间：纽约佳士得　1997年9月18日

　　　　　毕格史家藏中国古代家具　第99号

估　　价：USD 20,000-30,000

003

黄花梨镂雕藤纹嵌云石鼓凳

年　　代：清18世纪

尺　　寸：高54厘米　径48.3厘米

拍卖时间：纽约苏富比　1999年3月23日

　　　　　重要的中国古典家具专场　第32号

估　　价：USD 18,000-25,000

004

黄花梨带牙条凳（一对）

年　　代：清18至19世纪

尺　　寸：高52.1厘米　长99.7厘米

拍卖时间：纽约苏富比　1999年3月23日

　　　　　重要的中国古典家具专场　第47号

估　　价：USD 18,000-25,000

003

004

031

029

030

032

029

黄花梨带牙板南官帽椅

年　　代：清18世纪

尺　　寸：高115厘米　长59.7厘米　宽45.7厘米

拍卖时间：纽约苏富比　2009年9月16日　赛克勒
　　　　　珍藏中国古典家具地毯专场　第17号

估　　价：USD 8,000-12,000

成 交 价：USD 28,105

030

黄花梨南官帽椅（一对）

年　　代：清17世纪

尺　　寸：高106.7厘米　长57.1厘米　宽45.7厘米

拍卖时间：纽约苏富比　2009年9月16日　赛克勒
　　　　　珍藏中国古典家具地毯专场　第20号

估　　价：USD 60,000-80,000

成 交 价：USD 242,500

031

花梨木扶手椅

年　　代：18世纪

尺　　寸：高91厘米　宽58.3厘米　深46厘米

拍卖时间：伦敦邦瀚斯　2009年11月5日　精美
　　　　　亚洲艺术品专场　第290号

估　　价：GBP 15,000-25,000

032

黄花梨四出头官帽椅（一对）

年　　代：明

尺　　寸：高94厘米　长58.5厘米　宽39.5厘米

拍卖时间：北京翰海　2009年11月10日
　　　　　明清家具　第2807号

估　　价：RMB 1,500,000-1,800,000

成 交 价：RMB 2,072,000

025

黄花梨梅花书卷纹琴凳（一对）

年　　代：明

尺　　寸：高64厘米　长71厘米　宽36.5厘米

拍卖时间：南京正大　2009年6月7日　春季明清
　　　　　古典家具专场　第20号

估　　价：RMB 660,000–860,000

成 交 价：RMB 748,000

026

黄花梨四出头官帽椅

年　　代：明

尺　　寸：长59.5厘米　宽45厘米　高117.5厘米

拍卖时间：北京翰海　2009年11月10日　庆典
　　　　　拍卖15周年精品集　第2807号

估　　价：RMB 1,500,000–1,800,000

成 交 价：RMB 2,072,000

027

黄花梨玫瑰椅（一对）

年　　代：清18世纪

尺　　寸：高85.1厘米　长57.5厘米　宽43.2厘米

拍卖时间：纽约苏富比　2009年9月16日　赛克勒
　　　　　珍藏中国古典家具地毯专场　第9号

估　　价：USD 40,000–60,000

成 交 价：USD 116,500

028

黄花梨滕屉博古纹圈椅

年　　代：清康熙

尺　　寸：高97.8厘米　长59.1厘米　宽45.1厘米

拍卖时间：纽约苏富比　2009年9月16日　赛克勒
　　　　　珍藏中国古典家具地毯专场　第15号

估　　价：USD 10,000–15,000

成 交 价：USD 46,875

025

027

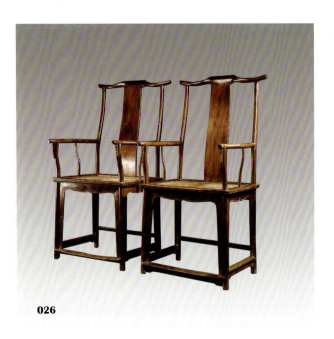

026

028

033

034

036

033

黄花梨如意云纹圈椅（一对）

年　　代：明

尺　　寸：高103厘米　长61.5厘米　宽47.7厘米

拍卖时间：北京翰海　2009年11月10日
　　　　　明清家具　第2804号

估　　价：RMB 600,000-800,000

成 交 价：RMB 3,080,000

034

黄花梨长条凳

年　　代：明

尺　　寸：长100厘米　宽33厘米　高44.5厘米

拍卖时间：北京翰海　2009年11月10日　十五周
　　　　　年庆典拍卖会明清家具　第2802号

估　　价：RMB 200,000-300,000

成 交 价：RMB 336,000

035

035

黄花梨福寿纹扶手椅（二件）

年　　代：明

尺　　寸：长75厘米　宽53厘米　高109厘米

拍卖时间：北京翰海　2009年11月10日　十五周
　　　　　年庆典拍卖会明清家具　第2806号

估　　价：RMB 600,000-800,000

成 交 价：RMB 840,000

036

黄花梨雕龙纹宝座

年　　代：清

尺　　寸：高97厘米　长89厘米　宽66厘米

拍卖时间：南京正大　2010年1月17日
　　　　　春季明清古典家具专场　第46号

估　　价：RMB 460,000-760,000

成 交 价：RMB 621,500

037

039

038

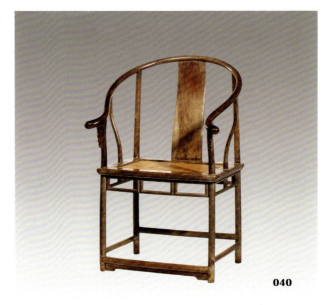

040

037

黄花梨螭纹方凳

年　　代：明

尺　　寸：长52厘米　宽52厘米　高51厘米

拍卖时间：富邦　2010年1月19日　迎春大型艺术品

　　　　　拍卖古木今韵——典藏家具专场　第67号

估　　价：RMB 580,000-880,000

成 交 价：RMB 580,000

038

黄花梨马扎

年　　代：明

尺　　寸：长18.5厘米　宽13厘米　高15厘米

拍卖时间：富邦　2010年1月19日　迎春大型艺术品

　　　　　拍卖古木今韵——典藏家具专场　第238号

估　　价：RMB 12,000-22,000

039

黄花梨春凳

年　　代：明

尺　　寸：高49厘米　长98.5厘米　宽37.2厘米

拍卖时间：南京正大　2010年5月23日

　　　　　春季明清古典家具专场　第8号

估　　价：RMB 78,000-118,000

成 交 价：RMB 184,000

040

黄花梨圈椅

年　　代：清

尺　　寸：长60厘米　宽46厘米　高102厘米

拍卖时间：浙江佳宝　2010年6月6日

　　　　　宫廷典藏家具拍卖专场　第36号

估　　价：RMB 150,000-250,000

成 交 价：RMB 168,000

041

042

043

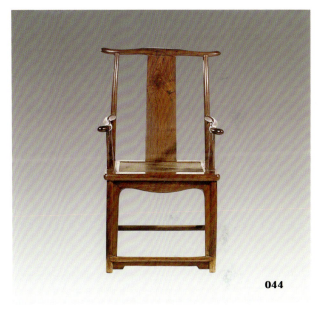

044

041

黄花梨圈椅

年　　代：明

尺　　寸：长60厘米　宽46厘米　高99厘米

拍卖时间：浙江佳宝　2010年6月6日

　　　　　宫廷典藏家具拍卖专场　第51号

估　　价：RMB 250,000-350,000

成 交 价：RMB 425,600

042

黄花梨圈椅

年　　代：明

尺　　寸：长60厘米　宽45.5厘米　高100厘米

拍卖时间：浙江佳宝　2010年6月6日

　　　　　宫廷典藏家具拍卖专场　第54号

估　　价：RMB 300,000-500,000

成 交 价：RMB 392,000

043

黄花梨玫瑰椅（一对）

年　　代：明

尺　　寸：长57.5厘米　宽43.5厘米　高86厘米

拍卖时间：浙江佳宝　2010年6月6日

　　　　　宫廷典藏家具拍卖专场　第57号

估　　价：RMB 400,000-600,000

成 交 价：RMB 504,000

044

黄花梨四出头官帽椅

年　　代：明

尺　　寸：长54.5厘米　宽47厘米　高103厘米

拍卖时间：浙江佳宝　2010年6月6日

　　　　　宫廷典藏家具拍卖专场　第58号

估　　价：RMB 300,000-500,000

成 交 价：RMB 448,000

045

046

047

048

045

黄花梨木凳（一对）

年　　代：清19世纪

尺　　寸：高58.5厘米　宽48厘米

拍卖时间：伦敦佳士得　2010年11月9日
　　　　　第201号

估　　价：GBP 8,000~12,000

成 交 价：GBP 193,250

046

黄花梨罗锅枨带矮佬方凳

年　　代：清早期

尺　　寸：长58厘米　宽58厘米　高46厘米

拍卖时间：中国嘉德　2010年11月21日　秋季拍卖会简
　　　　　约隽永——明式黄花梨家具精品　第2595号

估　　价：RMB 160,000~260,000

成 交 价：RMB 179,200

047

黄花梨圈椅

年　　代：清

尺　　寸：长60厘米　宽55厘米　高101厘米

拍卖时间：中国嘉德　2010年11月21日　秋季拍卖会简约
　　　　　隽永——明式黄花梨家具精品　第2596号

估　　价：RMB 100,000~200,000

成 交 价：RMB 560,000

048

黄花梨嵌大理石圈椅（四只）

年　　代：清早期

尺　　寸：长53厘米　宽41厘米　高91厘米

拍卖时间：中国嘉德　2010年11月21日　秋季拍卖会简
　　　　　约隽永——明式黄花梨家具精品　第2600号

估　　价：RMB 6,000,000~8,000,000

成 交 价：RMB 17,696,000

049

050

051

黄花梨玫瑰椅

年　　代：清早期

尺　　寸：长56厘米　宽43厘米　高84厘米

拍卖时间：中国嘉德　2010年11月21日　秋季拍卖会简
　　　　　约隽永——明式黄花梨家具精品　第2603号

估　　价：RMB 250,000–350,000

成 交 价：RMB 560,000

052

黄花梨圈椅成对

年　　代：明

尺　　寸：长59厘米　宽45厘米　高99厘米

拍卖时间：中国嘉德　2010年11月21日　秋季拍卖会简约
　　　　　隽永——明式黄花梨家具精品　第2621号

估　　价：RMB 1,800,000–2,800,000

成 交 价：RMB 5,600,000

051

049

黄花梨方材官帽椅

年　　代：清中期

尺　　寸：长55厘米　宽49厘米　高99厘米

拍卖时间：中国嘉德　2010年11月21日　秋季拍卖会简
　　　　　约隽永——明式黄花梨家具精品　第2601号

估　　价：RMB 300,000–400,000

成 交 价：RMB 537,600

050

黄花梨圈椅

年　　代：清

尺　　寸：长61厘米　宽48厘米　高99厘米

拍卖时间：中国嘉德　2010年11月21日　秋季拍卖会简
　　　　　约隽永——明式黄花梨家具精品　第2602号

估　　价：RMB 650,000–850,000

成 交 价：RMB 1,344,000

052

053

黄花梨南官帽椅（一对）

年　　代：明

尺　　寸：长64厘米　宽49厘米　高99厘米

拍卖时间：中国嘉德　2010年11月21日　秋季拍卖会简
　　　　　约隽永——明式黄花梨家具精品　第2622号

估　　价：RMB 1,200,000～1,800,000

成　交　价：RMB 1,344,000

053

054

054

黄花梨四出头官帽椅

年　　代：明末清初

尺　　寸：长60厘米　宽64厘米　高103厘米

拍卖时间：中国嘉德　2010年11月21日　秋季拍卖会简
　　　　　约隽永——明式黄花梨家具精品　第2623号

估　　价：RMB 200,000～400,000

成　交　价：RMB 1,568,000

055

黄花梨灯挂椅（四只）

年　　代：清早期

尺　　寸：长49厘米　宽45厘米　高99厘米

拍卖时间：中国嘉德　2010年11月21日　秋季拍卖会简
　　　　　约隽永——明式黄花梨家具精品　第2624号

估　　价：RMB 800,000～1,200,000

成　交　价：RMB 2,016,000

055

056

057

058

056

黄花梨有束腰三弯腿罗锅枨方凳

年　　代：明

尺　　寸：长52厘米　宽52厘米　高54厘米

拍卖时间：中国嘉德　2010年11月21日　秋季拍卖会简
　　　　　约隽永——明式黄花梨家具精品　第2625号

估　　价：RMB 800,000-1,200,000

成 交 价：RMB 918,400

057

黄花梨直棂玫瑰椅成对

年　　代：清早期

尺　　寸：长56厘米　宽43厘米　高90厘米

拍卖时间：中国嘉德　2010年11月21日　秋季拍卖会简
　　　　　约隽永——明式黄花梨家具精品　第2651号

估　　价：RMB 800,000-1,200,000

成 交 价：RMB 1,344,000

058

黄花梨罗锅枨滚凳

年　　代：明

尺　　寸：高19.5厘米　长64.5厘米　宽30.5厘米

拍卖时间：南京正大　2010年12月12日
　　　　　秋季宫廷御制古典家具专场　第56号

估　　价：RMB 188,000-388,000

成 交 价：RMB 280,000

059

061

060

062

059

黄花梨雕龙纹玫瑰椅（一对）

年　　代：明

尺　　寸：高82厘米　长55.5厘米　宽42厘米

拍卖时间：南京正大　2010年12月12日

　　　　　秋季宫廷御制古典家具专场　第46号

估　　价：RMB 580,000—980,000

成 交 价：RMB 1,176,000

060

黄花梨壶门牙子南官帽椅（一对）

年　　代：明

尺　　寸：长60厘米　宽50厘米　高108厘米

拍卖时间：舍得　2010年12月16日

　　　　　中国明清家具专场拍卖会　第38号

估　　价：RMB 450,000—500,000

061

黄花梨六开光绣墩（一对）

年　　代：清

尺　　寸：直径40厘米　高48.5厘米

拍卖时间：舍得　2010年12月16日

　　　　　中国明清家具专场拍卖会　第29号

估　　价：RMB 100,000—120,000

062

黄花梨小椅

年　　代：明

尺　　寸：长43厘米　宽37厘米　高82.5厘米

拍卖时间：舍得　2010年12月16日

　　　　　中国明清家具专场拍卖会　第43号

估　　价：RMB 40,000—50,000

063

黄花梨团寿纹开光交椅（一对）

年　　代：清早期

尺　　寸：高116.5厘米　长49.5厘米

拍卖时间：舍得拍卖　2011年4月17日　中国明清
　　　　　　黄花梨、紫檀家具专场拍卖会　第10号

估　　价：RMB 3,000,000-4,800,000

064

黄花梨圈椅（一对）

年　　代：清

尺　　寸：高96厘米　长67厘米　宽53.5厘米

拍卖时间：舍得拍卖　2011年4月17日　中国明清
　　　　　　黄花梨、紫檀家具专场拍卖会　第12号

估　　价：RMB 800,000-1,500,000

成　交　价：RMB 920,000

065

黄花梨南官帽椅（一对）

年　　代：清

尺　　寸：高51.7厘米　长99.6厘米　宽71.6厘米

拍卖时间：舍得拍卖　2011年4月17日　中国明清
　　　　　　黄花梨、紫檀家具专场拍卖会　第13号

估　　价：RMB 600,000-800,000

成　交　价：RMB 320,000

066

黄花梨双环卡子花二人凳（一对）

年　　代：清早期

尺　　寸：高48厘米　长85厘米　宽37厘米

拍卖时间：舍得拍卖　2011年4月17日　中国明清
　　　　　　黄花梨、紫檀家具专场拍卖会　第17号

估　　价：RMB 600,000-1,000,000

成　交　价：RMB 790,000

067

068

070

067

黄花梨禅凳

年　　代：明

尺　　寸：高48厘米　长51厘米　宽51厘米

拍卖时间：舍得拍卖　2011年4月17日　中国明清
　　　　　黄花梨、紫檀家具专场拍卖会　第19号

估　　价：RMB 130,000—200,000

068

黄花梨雕西番莲足承小交椅

年　　代：清

尺　　寸：高110厘米　长50.524厘米　宽45厘米

拍卖时间：南京正大　2011年4月23日
　　　　　春季明清古典家具专场　第15号

估　　价：RMB 380,000—550,000

成 交 价：RMB 672,000

069

黄花梨螭龙纹圈椅

年　　代：清

尺　　寸：高93厘米　长67厘米　宽44厘米

拍卖时间：南京正大　2011年4月23日
　　　　　春季明清古典家具专场　第162号

估　　价：RMB 388,000—588,000

成 交 价：RMB 537,600

070

黄花梨仿竹材方凳

年　　代：明末

尺　　寸：高48.7厘米　长57厘米　宽56.5厘米

拍卖时间：中国嘉德　2011年5月21日
　　　　　读往会心——侣明室藏明式家具　第3323号

估　　价：RMB 180,000—250,000

成 交 价：RMB 593,000

069

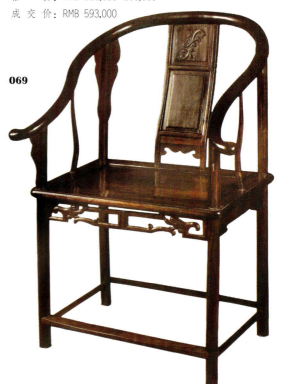

072

071

073

074

071

黄花梨有束腰三弯腿长方凳

年　　代：明末

尺　　寸：高51厘米　长51厘米　宽42厘米

拍卖时间：中国嘉德　2011年5月21日

　　　　　读往会心——侣明室藏明式家具　第3385号

估　　价：RMB 600,000-1,000,000

成 交 价：RMB 2,070,000

072

黄花梨圈椅

年　　代：明末清初

尺　　寸：高94厘米　宽59.2厘米　深45.5厘米

拍卖时间：中国嘉德　2011年5月21日

　　　　　读往会心——侣明室藏明式家具　第3325号

估　　价：RMB 800,000-1,400,000

成 交 价：RMB 2,135,000

073

黄花梨螭龙纹四出头官帽椅（一对）

年　　代：明末

尺　　寸：高110厘米　宽58.5厘米　深45.5厘米

拍卖时间：中国嘉德　2011年5月21日

　　　　　读往会心——侣明室藏明式家具　第3328号

估　　价：待询

成 交 价：RMB 23,000,000

074

黄花梨有束腰装卡子花马蹄足方凳（一对）

年　　代：明末清初

尺　　寸：高49.3厘米　宽54.8厘米　深46.7厘米

拍卖时间：中国嘉德　2011年5月21日

　　　　　读往会心——侣明室藏明式家具　第3333号

估　　价：RMB 800,000-1,000,000

成 交 价：RMB 1,840,000

075

076

078

078

黄花梨仿竹材玫瑰椅（一对）

年　　代：明末清初

尺　　寸：高90.5厘米　宽57.5厘米　深46.5厘米

拍卖时间：中国嘉德　2011年5月21日

　　　　　读往会心——侣明室藏明式家具　第3355号

估　　价：RMB 2,200,000-2,800,000

成 交 价：RMB 4,600,000

075

黄花梨仿竹材方凳（一对）

年　　代：明末

尺　　寸：高47厘米　长53.3厘米　宽53厘米

拍卖时间：中国嘉德　2011年5月21日

　　　　　读往会心——侣明室藏明式家具　第3343号

估　　价：RMB 1,200,000-1,600,000

成 交 价：RMB 3,220,000

076

黄花梨无束腰圆腿长方凳（一对）

年　　代：明末

尺　　寸：高49厘米　长53.3厘米　宽44.5厘米

拍卖时间：中国嘉德　2011年5月21日

　　　　　读往会心——侣明室藏明式家具　第3353号

估　　价：RMB 800,000-1,000,000

成 交 价：RMB 920,000

077

黄花梨六角梳背椅

年　　代：明末清初

尺　　寸：高84.3厘米　宽64厘米　深42厘米

拍卖时间：中国嘉德　2011年5月21日

　　　　　读往会心——侣明室藏明式家具　第3354号

估　　价：RMB 800,000-1,400,000

成 交 价：RMB 1,840,000

077

080

079

（局部）

079

黄花梨有束腰马蹄足长方凳成对

年　　代：明末

尺　　寸：高52厘米　长50.5厘米　宽35.6厘米

拍卖时间：中国嘉德　2011年5月21日

　　　　　读往会心——侣明室藏明式家具　第3364号

估　　价：RMB 600,000-800,000

成 交 价：RMB 2,415,000

080

黄花梨交杌

年　　代：明末

尺　　寸：高55厘米　长56厘米　宽38.8厘米

拍卖时间：中国嘉德　2011年5月21日

　　　　　读往会心——侣明室藏明式家具　第3365号

估　　价：RMB 1,000,000-1,500,000

成 交 价：RMB 2,165,000

081

黄花梨透雕靠背玫瑰椅

年　　代：明末

尺　　寸：高87.5厘米　宽61.4厘米　深46.8厘米

拍卖时间：中国嘉德　2011年5月21日

　　　　　读往会心——侣明室藏明式家具　第3367号

估　　价：RMB 1,000,000-1,500,000

成 交 价：RMB 4,025,000

082

黄花梨圈椅（一对）

年　　代：明末

尺　　寸：高99.8厘米　宽59.3厘米　深45.2厘米

拍卖时间：中国嘉德　2011年5月21日

　　　　　读往会心——侣明室藏明式家具　第3368号

估　　价：RMB 2,600,000-3,600,000

成 交 价：RMB 5,175,000

081

082

083

084

085

086

083

黄花梨高四出头官帽椅

年　　代：明末

尺　　寸：高121.5厘米　宽59.2厘米　深47.5厘米

拍卖时间：中国嘉德　2011年5月21日

　　　　　读往会心——侣明室藏明式家具　第3376号

估　　价：RMB 1,500,000－2,200,000

成 交 价：RMB 6,670,000

084

黄花梨裹腿罗锅枨套环卡子花大方凳

年　　代：明

尺　　寸：高64厘米　长50.5厘米　宽64厘米

拍卖时间：北京保利　2011年6月6日

　　　　　中国古典家具夜场　第8877号

估　　价：RMB 350,000－550,000

成 交 价：RMB 402,500

085

黄花梨四出头官帽椅（一对）

年　　代：明

尺　　寸：高113.5厘米　长59厘米　宽48厘米

拍卖时间：北京保利　2011年6月6日

　　　　　中国古典家具夜场　第8878号

估　　价：RMB 2,000,000－3,000,000

成 交 价：RMB 2,530,000

086

黄花梨圆后背交椅

年　　代：清

尺　　寸：高98厘米　宽69厘米

拍卖时间：北京保利　2011年6月6日

　　　　　中国古典家具夜场　第8879号

估　　价：RMB 1,000,000－1,500,000

成 交 价：RMB 1,150,000

087

088

089

090

087

黄花梨四出头高靠背官帽椅

年　　代：清

尺　　寸：高112厘米　长59厘米　宽45厘米

拍卖时间：北京保利　2011年6月6日
　　　　　中国古典家具夜场　第8880号

估　　价：RMB 2,800,000-3,800,000

成 交 价：RMB 5,750,000

089

黄花梨圈椅

年　　代：明

尺　　寸：高97厘米　长65厘米　宽42厘米

拍卖时间：北京保利　2011年6月6日
　　　　　中国古典家具夜场　第8882号

估　　价：RMB 600,000-800,000

成 交 价：RMB 690,000

088

黄花梨矮靠背南官帽椅

年　　代：明

尺　　寸：高95厘米　长65厘米　宽42厘米

拍卖时间：北京保利　2011年6月6日
　　　　　中国古典家具夜场　第8881号

估　　价：RMB 800,000-1,200,000

成 交 价：RMB 1,150,000

090

黄花梨玫瑰椅（一对）

年　　代：明末清初

尺　　寸：高58厘米　长89厘米　宽43厘米

拍卖时间：北京保利　2011年6月6日
　　　　　中国古典家具夜场　第8883号

估　　价：RMB 1,200,000-1,800,000

成 交 价：RMB 1,840,000

091

092

093

094

091

黄花梨圈椅（一对）

年　　代：明末清初

尺　　寸：高98厘米　长59.5厘米　宽43.5厘米

拍卖时间：北京保利　2011年6月6日
　　　　　中国古典家具夜场　第8884号

估　　价：RMB 1,200,000-1,500,000

成 交 价：RMB 2,070,000

092

黄花梨雕如意纹靠背椅（一套四只）

年　　代：明末清初

尺　　寸：高52厘米　长90厘米　宽43.5厘米

拍卖时间：北京保利　2011年6月6日
　　　　　中国古典家具夜场　第8886号

估　　价：RMB 1,800,000-2,800,000

成 交 价：RMB 2,070,000

093

黄花梨官帽椅

年　　代：

尺　　寸：高95厘米　长57厘米　宽45厘米

拍卖时间：中国嘉德四季　2011年9月19日
　　　　　承古容今——古典家具专场　第5915号

估　　价：RMB 60,000-80,000

成 交 价：RMB 74,750

094

黄花梨八足长凳

年　　代：民国

尺　　寸：长336厘米　宽39.5厘米　高48.5厘米

拍卖时间：舍得　2011年9月25日　中国古典家具
　　　　　黄花梨、紫檀专场拍卖会　第10号

估　　价：RMB 500,000-600,000

095

黄花梨雕螭纹圈椅

年　　代：清早期

尺　　寸：长78.5厘米　宽53厘米　高97.5厘米

拍卖时间：舍得　2011年9月25日　中国古典家具

　　　　　黄花梨、紫檀专场拍卖会　第6号

估　　价：RMB 700,000-900,000

096

097

098

099

096
黄花梨扶手椅（一对）
年　　代：清
尺　　寸：长60厘米　宽43厘米　高109.8厘米
拍卖时间：舍得　2011年9月25日　中国古典家具
　　　　　黄花梨、紫檀专场拍卖会　第1号
估　　价：RMB 600,000-800,000

097
黄花梨透雕靠背玫瑰椅
年　　代：清
尺　　寸：长49.6厘米　宽42厘米　高90厘米
拍卖时间：舍得　2011年9月25日　中国古典家具
　　　　　黄花梨、紫檀专场拍卖会　第3号
估　　价：RMB 450,000-550,000

098
黄花梨无束腰二人凳
年　　代：明
尺　　寸：长107厘米　宽36.5厘米　高48.5厘米
拍卖时间：舍得　2011年9月25日　中国古典家具
　　　　　黄花梨、紫檀专场拍卖会　第9号
估　　价：RMB 380,000-450,000

099
黄花梨无束腰直足直枨方凳（一对）
年　　代：明末
尺　　寸：长52.3厘米　宽41厘米　高51厘米
拍卖时间：舍得　2011年9月25日　中国古典家具
　　　　　黄花梨、紫檀专场拍卖会　第57号
估　　价：RMB 450,000-600,000

100

黄花梨交杌

年　　代：民国

尺　　寸：长55.9厘米　宽39.5厘米　高50厘米

拍卖时间：舍得　2011年9月25日　中国古典家具
　　　　　黄花梨、紫檀专场拍卖会　第11号

估　　价：RMB 150,000-200,000

100

101

黄花梨软体大方杌

年　　代：明

尺　　寸：长85厘米　宽65.3厘米　高51.5厘米

拍卖时间：舍得　2011年9月25日　中国古典家具
　　　　　黄花梨、紫檀专场拍卖会　第8号

估　　价：RMB 350,000-500,000

101

102

黄花梨三弯腿长方凳（一对）

年　　代：清早期

尺　　寸：高51.5厘米　长64厘米　宽53厘米

拍卖时间：北京保利（第十六期）　2011年10月22日
　　　　　异趣交融——中西古典家具　第523号

估　　价：RMB 100,000-200,000

成　交　价：RMB 207,000

103

102

103

黄花梨雕双龙灵芝纹扶手椅

年　　代：明末清初

尺　　寸：高95.5厘米　长56.5厘米　宽45.5厘米

拍卖时间：香港佳士得　2011年11月30日　重要中国
　　　　　瓷器及工艺品精品（II）　第3076号

估　　价：HKD 1,500,000-2,000,000

成　交　价：HKD 1,820,000

104

104

黄花梨方凳（一对）

年　　代：清

尺　　寸：长41厘米　宽41厘米　高52厘米

拍卖时间：聚德拍卖　2011年12月10日

　　　　　黄花梨·紫檀专场　第1714号

估　　价：RMB 80,000-150,000

105

黄花梨藤编面方凳（一对）

年　　代：清

尺　　寸：长58厘米　宽58厘米　高50厘米

拍卖时间：聚德拍卖　2011年12月10日

　　　　　黄花梨·紫檀专场　第1715号

估　　价：RMB 150,000-250,000

105

106

106

黄花梨硬木梳背四出头官帽椅（一对）

年　　代：清晚期

尺　　寸：高90.5厘米　长56.5厘米　宽43厘米

拍卖时间：巴黎佳士得　2011年12月14日

　　　　　亚洲艺术　第113号

估　　价：EUR 10,000-15,000

107

黄花梨硬木箱椅

年　　代：19世纪

尺　　寸：高105.5厘米　宽80厘米　深42厘米

拍卖时间：Michaan拍卖行　2011年12月18日

　　　　　精美亚洲艺术品专场　第6310号

估　　价：EUR 5,000-7,000

107

108

108

黄花梨螭纹圈椅（一对）

年　　代：明

尺　　寸：长97厘米　宽60厘米　高47厘米

拍卖时间：江苏万达国际　2011年12月18日　明韵
　　　　　清风雅致天成——明清家具专场　第1593号

估　　价：RMB 400,000-600,000

109

黄花梨透雕玫瑰椅（一对）

年　　代：明

尺　　寸：长55.7厘米　宽43厘米　高90.5厘米

拍卖时间：江苏万达国际　2011年12月18日　明韵
　　　　　清风雅致天成——明清家具专场　第1594号

估　　价：RMB 400,000-600,000

成　交　价：RMB 1,725,000

109

110

110

黄花梨嵌云石座椅六件套

年　　代：清

尺　　寸：长 64厘米　宽50厘米　高115厘米

拍卖时间：江苏万达国际　2011年12月18日　明韵
　　　　　清风雅致天成——明清家具专场　第1595号

估　　价：RMB 300,000-500,000

成　交　价：RMB 345,000

111

黄花梨马扎

年　　代：明

尺　　寸：高33.5厘米　长23.5厘米　宽31.5厘米

拍卖时间：宁波富邦　2012年2月11日
　　　　　典藏家具　第325号

估　　价：RMB 10,000-20,000

成　交　价：RMB 13,440

111

112

114

113

115

112

黄花梨南官帽椅

年　代：清

尺　寸：高95厘米　长54厘米　宽44厘米

拍卖时间：宁波富邦　2012年2月11日
　　　　　典藏家具　第327号

估　价：RMB 680,000-880,000

成 交 价：RMB 1,120,000

113

黄花梨长方杌

年　代：明末清中期

尺　寸：高49.6厘米　长82.6厘米　宽38.1厘米

拍卖时间：纽约佳士得　2012年3月22日
　　　　　御案清玩——普孟斐珍藏选粹　第1304号

估　价：USD 30,000-50,000

成 交 价：USD 37,500

114

黄花梨高靠背灯挂椅

年　代：清早期

尺　寸：长52厘米　宽41.5厘米　高105.5厘米

拍卖时间：中国嘉德　2012年5月13日　春季拍卖会胜日
　　　　　芳华——明清古典家具集珍（一）　第2826号

估　价：RMB 350,000-800,000

成 交 价：RMB 782,000

115

黄花梨黑漆圈椅

年　代：明晚期

尺　寸：长60厘米　宽47厘米　高101厘米

拍卖时间：中国嘉德　2012年5月13日　春季拍卖会胜日
　　　　　芳华——明清古典家具集珍（一）　第2828号

估　价：RMB 900,000-1,600,000

成 交 价：RMB 1,035,000

116

黄花梨圈椅

年　　代：明晚期

尺　　寸：长60厘米　宽46厘米　高98.5厘米

拍卖时间：中国嘉德　2012年5月13日　春季拍卖会胜日
　　　　　芳华——明清古典家具集珍（一）　第2834号

估　　价：RMB 1,000,000–1,500,000

成 交 价：RMB 1,495,000

117

黄花梨灯挂椅

年　　代：明晚期

尺　　寸：长50厘米　宽40.5厘米　高93.5厘米

拍卖时间：中国嘉德　2012年5月13日　春季拍卖会胜日
　　　　　芳华——明清古典家具集珍（一）　第2836号

估　　价：RMB 600,000–1,000,000

成 交 价：RMB 1,035,000

118

黄花梨圈椅

年　　代：清早期

尺　　寸：长58.5厘米　宽45.5厘米　高97厘米

拍卖时间：中国嘉德　2012年5月13日　春季拍卖会胜日
　　　　　芳华——明清古典家具集珍（一）　第2838号

估　　价：RMB 800,000–1,500,000

成 交 价：RMB 920,000

119

黄花梨霸王枨南官帽椅成对

年　　代：明末清初

尺　　寸：长56.5厘米　宽44厘米　高107厘米

拍卖时间：中国嘉德　2012年5月13日　春季拍卖会胜日
　　　　　芳华——明清古典家具集珍（一）　第2839号

估　　价：RMB 1,600,000–3,800,000

成 交 价：RMB 3,450,000

116

118

117

119

120

黄花梨高靠背南官帽椅

年　　代：明末清初

尺　　寸：长54厘米　宽44厘米　高104厘米

拍卖时间：中国嘉德　2012年5月13日　春季拍卖会胜日
　　　　　芳华——明清古典家具集珍（一）　第2841号

估　　价：RMB 900,000-1,500,000

成 交 价：RMB 1,035,000

121

黄花梨螭龙纹玫瑰椅（一对）

年　　代：清早期

尺　　寸：长58厘米　宽43.5厘米　高89.5厘米

拍卖时间：中国嘉德　2012年5月13日　春季拍卖会胜日
　　　　　芳华——明清古典家具集珍（一）　第2844号

估　　价：RMB 1,600,000-3,800,000

成 交 价：RMB 1,955,000

120

121

122

黄花梨南官帽椅（一对）

年　　代：明末清初

尺　　寸：长61厘米　宽48厘米　高114厘米

拍卖时间：中国嘉德　2012年5月13日　春季拍卖会胜日
　　　　　芳华——明清古典家具集珍（一）　第2852号

估　　价：RMB 1,600,000-3,800,000

成 交 价：RMB 2,760,000

123

黄花梨两出头官帽椅

年　　代：清早期

尺　　寸：长58厘米　宽44.5厘米　高99厘米

拍卖时间：中国嘉德　2012年5月13日　春季拍卖会胜日
　　　　　芳华——明清古典家具集珍（一）　第2853号

估　　价：RMB 1,200,000-1,800,000

成 交 价：RMB 1,380,000

122

123

124

黄花梨圆里腿带卡子花杌凳（一对）

年　　代：明末清初

尺　　寸：高49厘米　长50.3厘米　宽46.7厘米

拍卖时间：中国嘉德　2012年5月13日　胜日芳华——明
　　　　　清古典家具集珍（二）　第2855号

估　　价：RMB 380,000-900,000

成 交 价：RMB 1,840,000

124

125

黄花梨仙鹤纹圈椅

年　　代：明末清初

尺　　寸：高94.5厘米　宽59.2厘米　深45.7厘米

拍卖时间：中国嘉德　2012年5月13日　胜日芳华——明
　　　　　清古典家具集珍（二）　第2857号

估　　价：RMB 680,000-1,500,000

成 交 价：RMB 2,990,000

125

126

黄花梨吉庆有余官帽椅

年　　代：清

尺　　寸：高110厘米　长59.5厘米　宽45厘米

拍卖时间：北京传是　2012年5月17日
　　　　　物得其宜——黄花梨精品专场　第1101号

估　　价：RMB 150,000-200,000

成 交 价：RMB 230,000

126

127

黄花梨四出头卷草螭龙官帽椅（一对）

年　　代：清

尺　　寸：高117厘米　长62厘米　宽48厘米

拍卖时间：北京传是　2012年5月17日
　　　　　物得其宜——黄花梨精品专场　第1139号

估　　价：RMB 500,000-800,000

成 交 价：RMB 977,500

127

128

128

黄花梨南官帽椅（四只）

年　　代：清

尺　　寸：高100厘米　长55.5厘米　宽45厘米

拍卖时间：北京传是　2012年5月17日

　　　　　　物得其宜——黄花梨精品专场　第1102号

估　　价：RMB 600,000-800,000

成 交 价：RMB 1,150,000

129

黄花梨交杌（一对）

年　　代：清

尺　　寸：高41.5厘米　长57.5厘米　宽53厘米

拍卖时间：北京传是　2012年5月17日

　　　　　　物得其宜——黄花梨精品专场　第1103号

估　　价：RMB 80,000-150,000

成 交 价：RMB 207,000

129

130

黄花梨寿字纹靠背椅（一对）

年　　代：清

尺　　寸：高104厘米　长48厘米　宽43厘米

拍卖时间：北京传是　2012年5月17日

　　　　　　物得其宜——黄花梨精品专场　第1112号

估　　价：RMB 250,000-350,000

成 交 价：RMB 345,000

131

130

131

黄花梨螭龙南官帽椅

年　　代：清

尺　　寸：高91厘米　长54.5厘米　宽43.5厘米

拍卖时间：北京传是　2012年5月17日

　　　　　　物得其宜——黄花梨精品专场　第1113号

估　　价：RMB 150,000-200,000

成 交 价：RMB 184,000

132

133

134

132

黄花梨寿字南官帽椅

年　　代：清
尺　　寸：高104厘米　长56厘米　宽46厘米
拍卖时间：北京传是　2012年5月17日
　　　　　物得其宜——黄花梨精品专场　第1114号
估　　价：RMB 150,000-200,000
成 交 价：RMB 184,000

133

黄花梨云纹束腰藤屉禅凳

年　　代：清
尺　　寸：高49厘米　长60.5厘米　宽60.5厘米
拍卖时间：北京传是　2012年5月17日
　　　　　物得其宜——黄花梨精品专场　第1115号
估　　价：RMB 250,000-350,000
成 交 价：RMB 805,000

134

黄花梨四面平藤屉方凳

年　　代：清
尺　　寸：高51厘米　长58厘米　宽58厘米
拍卖时间：北京传是　2012年5月17日
　　　　　物得其宜——黄花梨精品专场　第1116号
估　　价：RMB 100,000-150,000
成 交 价：RMB 437,000

135

黄花梨刻诗文四出头官帽椅

年　　代：17世纪
尺　　寸：高118.5厘米　长64厘米　宽46.5厘米
拍卖时间：伦敦邦汉斯　2012年5月17日
　　　　　中国艺术品　第151号
估　　价：GBP 20,000-30,000

135

136

137

138

139

136

黄花梨圈椅（一对）

年　　代：明

尺　　寸：高97厘米　长60厘米　宽45厘米

拍卖时间：北京保利　2012年6月7日

　　　　　中国古董珍玩　第8194号

估　　价：RMB 900,000—1,500,000

成 交 价：RMB 1,035,000

138

黄花梨南官帽椅

年　　代：明末清初

尺　　寸：高115.5厘米　长54.5厘米　宽43.5 厘米

拍卖时间：舍得（北京）　2012年6月17日

　　　　　明清黄花梨、红木专场拍卖　第1号

估　　价：RMB 500,000—600,000

成 交 价：RMB 490,000

137

黄花梨四出头玫瑰椅（一对）

年　　代：明

尺　　寸：高84厘米　长54厘米　宽42厘米

拍卖时间：南京正大　2012年6月16日

　　　　　春季明清古典家具专场　第121号

估　　价：待询

成 交 价：RMB 4,928,000

139

黄花梨无束腰小凳（一对）

年　　代：明

尺　　寸：高25厘米　长25厘米　宽26厘米

拍卖时间：舍得（北京）　2012年6月17日

　　　　　明清黄花梨、红木专场拍卖　第2号

估　　价：RMB 30,000—50,000

140

141

142

143

140

黄花梨玫瑰椅（一对）

年　　代：清中期

尺　　寸：高83厘米　长56厘米　宽44厘米

拍卖时间：舍得（北京）　2012年6月17日

　　　　　明清黄花梨、红木专场拍卖　第5号

估　　价：RMB 600,000-800,000

142

黄花梨圈椅（一对）

年　　代：晚清

尺　　寸：长59厘米　宽46厘米　高99厘米

拍卖时间：中贸圣佳　2012年7月22日　春季艺术品

　　　　　拍卖会古典家具专场　第1658号

估　　价：RMB 150,000-250,000

成　交　价：RMB 322,000

141

黄花梨南官帽椅（一对）

年　　代：清

尺　　寸：高93厘米　长57.5厘米　宽45厘米

拍卖时间：舍得（北京）　2012年6月17日

　　　　　明清黄花梨、红木专场拍卖　第8号

估　　价：RMB 600,000-800,000

成　交　价：RMB 770,000

143

黄花梨禅椅

年　　代：明

尺　　寸：长70厘米　宽70厘米　高86厘米

拍卖时间：中贸拍卖行　2012年8月8日

　　　　　古董珍玩专场　第327号

估　　价：无底价

成　交　价：RMB 2,875

144

145

146

146

144

黄花梨官帽椅（一对）

年　　代：17世纪

尺　　寸：118.5厘米

拍卖时间：伦敦苏富比　2012年9月7日
　　　　　重要中国家具及工艺品　第281号

估　　价：GBP 70,000-90,000

成 交 价：GBP 847,650

145

黄花梨圈椅（一对）

年　　代：17世纪

尺　　寸：96.5厘米

拍卖时间：伦敦苏富比　2012年9月7日
　　　　　重要中国家具及工艺品　第288号

估　　价：GBP 50,000-70,000

成 交 价：GBP 301,250

146

黄花梨四出头官帽椅（一对）

年　　代：明末/清18世纪

尺　　寸：高118.1厘米　宽55.9厘米　深47厘米

拍卖时间：纽约佳士得　2012年9月14日　中国重要
　　　　　瓷器及工艺品（二）　第1341号

估　　价：USD 30,000-50,000

成 交 价：USD 242,500

147

黄花梨圈椅（一对）

年　　代：清19世纪

尺　　寸：高99.7厘米　宽61.6厘米　深48.3厘米

拍卖时间：纽约佳士得　2012年9月14日　中国重要
　　　　　瓷器及工艺品（二）　第1345号

估　　价：USD 10,000-15,000

成 交 价：USD 56,250

148

149

151

151

黄花梨梳背玫瑰椅（一对）

年　　代：明末清初

尺　　寸：高88厘米　长53厘米　宽49厘米

拍卖时间：中国嘉德（香港）　2012年10月7日

　　　　　观华——明清古典家具及庭院陈设精品　第372号

估　　价：HKD 800,000~1,600,000

成 交 价：HKD 1,127,000

148

黄花梨有束腰马蹄腿罗锅枨嵌宝螭龙大禅凳

年　　代：明末清初

尺　　寸：高52厘米　长63厘米　宽63厘米

拍卖时间：中国嘉德（香港）　2012年10月7日

　　　　　观华——明清古典家具及庭院陈设精品　第354号

估　　价：HKD 580,000~800,000

成 交 价：HKD 920,000

149

黄花梨瑞兽纹四出头官帽椅

年　　代：明末清初

尺　　寸：高109厘米　长65厘米　宽49厘米

拍卖时间：中国嘉德（香港）　2012年10月7日

　　　　　观华——明清古典家具及庭院陈设精品　第361号

估　　价：HKD 1,600,000~3,000,000

成 交 价：HKD 4,600,000

150

黄花梨藤屉四出头官帽椅

年　　代：明末清初

尺　　寸：高115厘米　长60厘米　宽43厘米

拍卖时间：中国嘉德（香港）　2012年10月7日

　　　　　观华——明清古典家具及庭院陈设精品　第369号

估　　价：HKD 1,200,000~1,800,000

成 交 价：HKD 1,495,000

150

152

153

黄花梨螭龙纹圈椅

年　　代：明末清初
尺　　寸：高99厘米　长60厘米　宽46厘米
拍卖时间：中国嘉德（香港）　2012年10月7日
　　　　　观华——明清古典家具及庭院陈设精品　第357号
估　　价：HKD 800,000–1,500,000
成 交 价：HKD 1,265,000

155

黄花梨四出头官帽椅

年　　代：明末清初
尺　　寸：高104厘米　长60.5厘米　宽45.5厘米
拍卖时间：中国嘉德　2012年10月29日
　　　　　澄怀观物——明清古典家具　第3875号
估　　价：RMB 750,000–1,200,000
成 交 价：RMB 862,500

154

153

152

黄花梨四出头官帽椅（一对）

年　　代：明末清初
尺　　寸：高107厘米　长53厘米　宽51厘米
拍卖时间：中国嘉德（香港）　2012年10月7日
　　　　　观华——明清古典家具及庭院陈设精品　第375号
估　　价：HKD 1,800,000–2,800,000
成 交 价：HKD 3,220,000

154

黄花梨 南官帽椅（一对）

年　　代：明末清初
尺　　寸：高99厘米　长56 厘米　宽44厘米
拍卖时间：中国嘉德（香港）　2012年10月7日
　　　　　观华——明清古典家具及庭院陈设精品　第358号
估　　价：HKD 1,600,000–2,800,000
成 交 价：HKD 2,185,000

155

156

158

157

159

156

黄花梨南官帽椅（一对）

年　　代：明

尺　　寸：高101.5厘米　长59.5厘米　宽45.5厘米

拍卖时间：中国嘉德　2012年10月29日
　　　　　澄怀观物——明清古典家具　第3881号

估　　价：RMB 700,000-1,500,000

成 交 价：RMB 805,000

157

黄花梨攒拐子纹扶手椅

年　　代：清中期

尺　　寸：高89.5厘米　长56.8厘米　宽49厘米

拍卖时间：中国嘉德　2012年10月29日
　　　　　澄怀观物——明清古典家具　第3894号

估　　价：RMB 700,000-1,400,000

成 交 价：RMB 1,127,000

158

黄花梨有束腰外翻马蹄腿罗锅枨云龙纹圈椅（一对）

年　　代：清中期

尺　　寸：高99厘米　长60厘米　宽49厘米

拍卖时间：中国嘉德　2012年10月29日
　　　　　澄怀观物——明清古典家具　第3897号

估　　价：RMB 6,800,000-8,800,000

成 交 价：RMB 6,670,000

159

黄花梨灯挂椅一对

年　　代：明末/清初

尺　　寸：高106厘米　宽48.3厘米　深38.1厘米

拍卖时间：香港佳士得　2012年11月28日　精凝简练——美
　　　　　国私人收藏家珍藏中国家具　第2005号

估　　价：HKD 450,000-600,000

成 交 价：HKD 1,460,000

160

黄花梨高束腰长方凳（一对）

年　　代：明末/清初

尺　　寸：高51.7厘米　长47.9厘米　宽40.9厘米

拍卖时间：香港佳士得　2012年11月28日　精凝简练——美
国私人收藏家珍藏中国家具　第2007号

估　　价：HKD 600,000-800,000

成 交 价：HKD 800,000

161

黄花梨大交杌

年　　代：明末/清初

尺　　寸：高54.9厘米　长62.1厘米　宽66厘米

拍卖时间：香港佳士得　2012年11月28日　精凝简练——美
国私人收藏家珍藏中国家具　第2008号

估　　价：HKD 1,500,000-2,500,000

成 交 价：HKD 1,820,000

162

黄花梨南冠帽椅

年　　代：清初

尺　　寸：高105.4厘米　宽61.5厘米　深47厘米

拍卖时间：香港佳士得　2012年11月28日　精凝简练——美
国私人收藏家珍藏中国家具　第2050号

估　　价：HKD 1,000,000-1,500,000

163

黄花梨嵌乌木及黄杨木梳背玫瑰椅

年　　代：清初

尺　　寸：高88.3厘米　宽58.1厘米　深45.7厘米

拍卖时间：香港佳士得　2012年11月28日　精凝简练——美
国私人收藏家珍藏中国家具　第2024号

估　　价：HKD 550,000-700,000

成 交 价：HKD 620,000

160

162

161

163

164

164

黄花梨镶乌木高扶手南官帽椅（一对）

年　　代：清初

尺　　寸：高95.2厘米　宽57.1厘米　深45.6厘米

拍卖时间：香港佳士得　2012年11月28日　精凝简练——美
　　　　　国私人收藏家珍藏中国家具　第2025号

估　　价：HKD 1,500,000-2,500,000

成 交 价：HKD 1,940,000

165

165

黄花梨南官帽椅（一对）

年　　代：明末/清初

尺　　寸：高103.8厘米　宽54厘米　深43.7厘米

拍卖时间：香港佳士得　2012年11月28日　精凝简练——美
　　　　　国私人收藏家珍藏中国家具　第2026号

估　　价：HKD 5,000,000-7,000,000

成 交 价：HKD 5,420,000

166

黄花梨四出头官帽椅（一对）

年　　代：清早期

尺　　寸：高118厘米　长59厘米　宽46厘米

拍卖时间：北京保利　2012年12月6日
　　　　　中国古典家具　第7117号

估　　价：RMB 2,800,000-5,000,000

成 交 价：RMB 3,220,000

166

卧具

中国古代黄花梨家具
拍卖投资考成汇典

ZHONG GUO GU DAI HUANG HUA LI
JIA JU PAI MAI TOU ZI KAO CHENG
HUI DIAN

001

001

黄花梨六足折叠式榻

年　　代：17/18世纪

尺　　寸：高53.5厘米　长228厘米　宽121厘米

拍卖时间：纽约佳士得　1997年9月18日

　　　　　毕格史家藏中国古代家具　第88号

估　　价：USD 80,000-100,000

002

黄花梨架子床

年　　代：16/17世纪

尺　　寸：高187.5厘米　长202.5厘米　宽108厘米

拍卖时间：纽约佳士得　1998年9月16日　精致典雅公寓：

　　　　　中国古典家具与艺术品　第81号

估　　价：USD 280,000-320,000

002

003

黄花梨藤屉榻

年　　代：17/18世纪

尺　　寸：高52.5厘米　长212厘米　宽63.5厘米

拍卖时间：纽约佳士得　1998年9月16日　精致典雅公寓：

　　　　　中国古典家具与艺术品　第81号

估　　价：USD 40,000-50,000

003

004

黄花梨藤屉束腰三弯腿球足凉榻

年　　代：17世纪

尺　　寸：高50.8厘米　长217.2厘米　宽110.5厘米

拍卖时间：纽约苏富比　1999年3月23日　重要的中国古典

　　　　　家具专场　第30号

估　　价：USD 60,00-90,000

004

005

005

黄花梨藤屉凉榻

年　　代：17世纪

尺　　寸：高50.5厘米　长166.4厘米

拍卖时间：纽约佳士得　1999年9月16日
　　　　　重要的中国古代家具及工艺精品　第42号

估　　价：USD 50,000~70,000

006

黄花梨镂空仿藤环纹架子床

年　　代：17世纪

尺　　寸：高210.8厘米　长228厘米　宽157.5厘米

拍卖时间：纽约佳士得　1999年9月16日
　　　　　重要的中国古代家具及工艺精品　第79号

估　　价：USD 320,000~380,000

006

007

黄花梨六柱架子床

年　　代：清早期

尺　　寸：长222厘米　宽151厘米　高218厘米

拍卖时间：中国嘉德　1999年10月27日
　　　　　秋季拍卖会古典家具　第1167号

估　　价：RMB 600,000~800,000

007

008

黄花梨脚踏（二件）

年　　代：清早期

尺　　寸：长40厘米　宽25厘米　高11厘米

拍卖时间：北京翰海　2004年11月22日
　　　　　秋季拍卖会明清家具专场第　3147号

估　　价：RMB 50,000~80,000

成　交　价：RMB 121,000

008

（局部）

009

009

黄花梨三屏嵌绿云石芯罗汉床

年　　代：明

尺　　寸：长198厘米　宽83.5厘米　高83.5厘米

拍卖时间：北京翰海　2004年11月22日

　　　　　秋季拍卖会明清家具专场　第3148号

估　　价：RMB 600,000-800,000

成 交 价：RMB 1,760,000

010

黄花梨架子床

年　　代：清中期

尺　　寸：高310厘米　长227厘米　宽150厘米

拍卖时间：南京正大　2006年11月26日

　　　　　古典家具瓷器玉器专场　第90号

估　　价：RMB 780,000-1,500,000

010

011

御制黄花梨雕龙纹六柱架子床

年　　代：清18世纪

尺　　寸：高231.4厘米　长229.9厘米　宽157.5厘米

拍卖时间：香港佳士得　2008年12月3日

　　　　　重要中国瓷器及工艺精品　第2532号

估　　价：HKD 2,200,000-2,800,000

成 交 价：HKD 1,820,000

011

012

黄花梨架子床

年　　代：清早期

尺　　寸：长221厘米　宽120厘米　高192厘米

拍卖时间：新华富邦　2009年8月16日

　　　　　夏季艺术品拍卖会典藏家具专场　第64号

估　　价：RMB 1,200,000-2,000,000

成 交 价：RMB 1,500,000

012

013

黄花梨罗汉床

年　　代：明

尺　　寸：长200厘米　宽89厘米　高73厘米

拍卖时间：北京翰海　2009年11月10日
　　　　　十五周年庆典拍卖会明清家具　第2821号

估　　价：RMB 1,200,000~1,500,000

成 交 价：RMB 1,344,000

013

014

黄花梨如意云纹架子床

年　　代：明

尺　　寸：长222厘米　宽313厘米　高116厘米

拍卖时间：北京翰海　2009年11月10日
　　　　　十五周年庆典拍卖会明清家具　第2822号

估　　价：RMB 1,200,000~1,500,000

成 交 价：RMB 1,344,000

015

014

016

015

黄花梨嵌百宝罗汉床

年　　代：清

尺　　寸：长184厘米　宽111厘米　高89厘米

拍卖时间：浙江佳宝　2010年6月6日
　　　　　宫廷典藏家具拍卖专场　第64号

估　　价：RMB 1,500,000~2,500,000

成 交 价：RMB 2,128,000

016

黄花梨簇云纹马蹄腿六柱式架子床

年　　代：明

尺　　寸：长252厘米　宽156厘米　高222厘米

拍卖时间：中国嘉德　2010年11月21日　秋季拍卖会
　　　　　简约隽永——明式黄花梨家具精品　第2620号

估　　价：待询

成 交 价：RMB 43,120,000

017

黄花梨簇云纹三弯腿六柱式架子床

年　　代：明

尺　　寸：长222厘米　宽155厘米　高230厘米

拍卖时间：中国嘉德　2010年11月21日　秋季拍卖会

　　　　　简约隽永——明式黄花梨家具精品　第2637号

估　　价：RMB 4,000,000－6,000,000

成 交 价：RMB 6,720,000

018

018

黄花梨四平面榻

年　　代：元或明代早期

尺　　寸：长199厘米　宽116厘米　高46厘米

拍卖时间：中国嘉德　2010年11月21日　秋季拍卖会
　　　　　简约隽永——明式黄花梨家具精品　第2646号

估　　价：RMB 3,800,000-4,800,000

成 交 价：RMB 6,160,000

019

019

黄花梨带门围子雕龙纹架子床

年　　代：明

尺　　寸：高229厘米　长216.5厘米　宽146.6厘米

拍卖时间：南京正大　2010年12月12日
　　　　　秋季宫廷御制古典家具专场　第14号

估　　价：RMB 2,760,000-5,760,000

成 交 价：RMB 3,304,000

020

020

黄花梨屏风攒接罗汉床

年　　代：清

尺　　寸：长202厘米　宽100厘米　高77厘米

拍卖时间：舍得　2010年12月16日
　　　　　中国明清家具专场拍卖会　第86号

估　　价：RMB 400,000-450,000

021

021

黄花梨榻

年　　代：明

尺　　寸：长190厘米　宽75厘米　高49.5厘米

拍卖时间：舍得　2010年12月16日
　　　　　中国明清家具专场拍卖会　第89号

估　　价：RMB 550,000-600,000

022

023

024

黄花梨六柱螭龙捧寿纹围子架子床

年　　代：清

尺　　寸：高231厘米　长232厘米　宽146厘米

拍卖时间：舍得拍卖　2011年4月17日

　　　　　中国明清黄花梨、紫檀家具专场拍卖会　第35号

估　　价：RMB 3,600,000-5,000,000

成 交 价：RMB 3,200,000

025

黄花梨六柱描金龙凤纹架子床

年　　代：清早期

尺　　寸：高221.5厘米　长224.3厘米　宽155厘米

拍卖时间：舍得拍卖　2011年4月17日

　　　　　中国明清黄花梨、紫檀家具专场拍卖会　第37号

估　　价：RMB 2,600,000-4,000,000

成 交 价：RMB 3,200,000

022

黄花梨脚踏

年　　代：清

尺　　寸：高13厘米　长59厘米　宽27.6厘米

拍卖时间：舍得拍卖　2011年4月17日

　　　　　中国明清黄花梨、紫檀家具专场拍卖会　第31号

估　　价：RMB 60,000-90,000

023

黄花梨六柱攒斗四簇云龙纹围子架子床

年　　代：清早期

尺　　寸：高221厘米　长230厘米　宽144厘米

拍卖时间：舍得拍卖　2011年4月17日

　　　　　中国明清黄花梨、紫檀家具专场拍卖会　第34号

估　　价：RMB 2,200,000-3,500,000

成 交 价：RMB 2,600,000

024

025

026

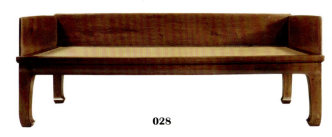

026

黄花梨独板围子马蹄足罗汉床

年　　代：清

尺　　寸：高73.8厘米　长202.6厘米　宽99.2厘米

拍卖时间：舍得拍卖　2011年4月17日

　　　　　中国明清黄花梨、紫檀家具专场拍卖会　第38号

估　　价：RMB 1,500,000–2,000,000

成 交 价：RMB 1,350,000

027

黄花梨床榻

年　　代：清早期

尺　　寸：高40厘米　长181.8厘米　宽77.7厘米

拍卖时间：舍得拍卖　2011年4月17日

　　　　　中国明清黄花梨、紫檀家具专场拍卖会　第40号

估　　价：RMB 700,000–1,000,000

成 交 价：RMB 720,000

027

028

028

黄花梨独板围子马蹄足罗汉床

年　　代：明末

尺　　寸：高73.7厘米　长203厘米　宽90.2厘米

拍卖时间：中国嘉德　2011年5月21日

　　　　　读往会心——侣明室藏明式家具　第3338号

估　　价：待询

成 交 价：RMB 32,200,000

029

黄花梨攒斗围子六柱架子床

年　　代：明末清初

尺　　寸：高209.5厘米　长201.6厘米　宽135.7厘米

拍卖时间：中国嘉德　2011年5月21日

　　　　　读往会心——侣明室藏明式家具　第3348号

估　　价：RMB 3,800,000–5,000,000

成 交 价：RMB 9,430,000

029

030

031

033

030

黄花梨万字纹四柱架子床

年　　代：清早期

尺　　寸：高219厘米　长221厘米　宽142厘米

拍卖时间：中国嘉德　2012年10月29日

　　　　　澄怀观物——明清古典家具　第3908号

估　　价：RMB 3,800,000-5,800,000

成 交 价：RMB 4,370,000

031

黄花梨六柱龙纹架子床

年　　代：明

尺　　寸：高227厘米　长218厘米　宽148厘米

拍卖时间：北京保利　2011年6月6日

　　　　　中国古典家具夜场　第8891号

估　　价：RMB 10,000,000-15,000,000

成 交 价：RMB 17,825,000

032

黄花梨雕螭纹榻

年　　代：民国

尺　　寸：长205厘米　宽95.3厘米　高47.5厘米

拍卖时间：舍得　2011年9月25日

　　　　　中国古典家具黄花梨、紫檀专场拍卖会　第52号

估　　价：RMB 800,000-1,200,000

033

黄花梨架子床

年　　代：清

尺　　寸：长208厘米　宽143厘米　高217厘米

拍卖时间：舍得　2011年9月25日

　　　　　中国古典家具黄花梨、紫檀专场拍卖会　第53号

估　　价：RMB 3,000,000-3,600,000

032

034

黄花梨六柱双龙龙捧寿围子架子床

年　　代：清

尺　　寸：长224厘米　宽157.5厘米　高224.5厘米

拍卖时间：舍得　2011年9月25日

　　　　　中国古典家具黄花梨、紫檀专场拍卖会　第48号

估　　价：RMB 3,500,000~3,800,000

034

035

黄花梨月洞式门罩架子床

年　　代：清

尺　　寸：长190厘米　宽126厘米　高204.5厘米

拍卖时间：舍得　2011年9月25日

　　　　　中国古典家具黄花梨、紫檀专场拍卖会　第51号

估　　价：RMB 1,500,000~1,800,000

035

036

黄花梨榻

年　　代：清

尺　　寸：长196厘米　宽103.5厘米　高47.5厘米

拍卖时间：舍得　2011年9月25日

　　　　　中国古典家具黄花梨、紫檀专场拍卖会　第49号

估　　价：RMB 1,600,000~1,800,000

037

黄花梨雕花架子床

年　　代：清早期

尺　　寸：高232厘米　长226.3厘米　宽155厘米

拍卖时间：北京保利　2011年10月22日

　　　　　宫廷艺术与重要瓷器工艺品　第6251号

估　　价：RMB 5,000,000~8,000,000

成 交 价：RMB 5,575,000

036

037

038

040

黄花梨鱼化龙纹六柱式架子床

年　　代：明

尺　　寸：高234厘米　长210厘米　宽135厘米

拍卖时间：宁波富邦　2012年2月11日
　　　　　典藏家具　第324号

估　　价：RMB 3,200,000-58,000,000

成 交 价：RMB 3,920,000

041

黄花梨有束腰马蹄腿攒万字纹罗汉床

年　　代：明晚期

尺　　寸：长199厘米　宽102厘米　高72厘米

拍卖时间：中国嘉德　2012年5月13日　春季拍卖会胜日
　　　　　芳华——明清古典家具集珍（一）　第2848号

估　　价：RMB 5,800,000-9,000,000

成 交 价：RMB 7,360,000

039

038

黄花梨罗汉床

年　　代：19世纪

尺　　寸：高71厘米　长207.5厘米　宽103.5厘米

拍卖时间：Michaan拍卖行　2011年12月18日
　　　　　精美亚洲艺术品专场　第6319号

估　　价：USD 20,000-30,000

040

039

黄花梨灵芝如意月洞门架子床

年　　代：明

尺　　寸：长247.5厘米　宽187.8厘米　高227厘米

拍卖时间：江苏万达国际　2011年12月18日
　　　　　明韵清风雅致天成——明清家具专场　第1615号

估　　价：RMB 3,000,000-5,000,000

成 交 价：RMB 35,840,000

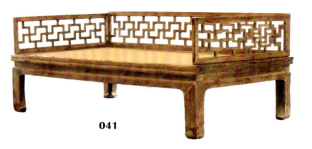

041

046

046
黄花梨四柱架子床

年　　代：明末清初
尺　　寸：高210.5厘米　长228厘米　宽157.5厘米
拍卖时间：香港佳士得　2012年5月30日
　　　　　重要的中国瓷器和工艺品专场　第4075号
估　　价：HKD 2,200,000-2,800,000
成 交 价：HKD 9,844,000

047

047
黄花梨雕花架子床

年　　代：清早期
尺　　寸：高232厘米　长226.3厘米　宽155厘米
拍卖时间：北京保利　2012年6月5日
　　　　　宫廷艺术与重要瓷器工艺品　第6251号
估　　价：RMB 5,000,000-8,000,000
成 交 价：RMB 5,575,000

048
黄花梨四簇云纹围子架子床

年　　代：清早期
尺　　寸：高229厘米　长224厘米　宽149厘米
拍卖时间：舍得（北京）　2012年6月17日
　　　　　明清黄花梨、红木专场拍卖　第57号
估　　价：RMB 2,600,000-3,000,000

048

042

黄花梨短凉榻

年　　代：明

尺　　寸：高53厘米　长84厘米　宽61厘米

拍卖时间：北京传是　2012年5月17日

　　　　　物得其宜——黄花梨精品专场　第1125号

估　　价：RMB 100,000-200,000

成 交 价：RMB 207,000

042

043

黄花梨短凉榻

年　　代：明

尺　　寸：高51厘米　长190厘米　宽62厘米

拍卖时间：北京传是　2012年5月17日

　　　　　物得其宜——黄花梨精品专场　第1126号

估　　价：RMB 100,000-250,000

成 交 价：RMB 345,000

043

044

045

044

黄花梨六柱架子床

年　　代：明

尺　　寸：高229厘米　长217厘米　宽147厘米

拍卖时间：北京传是　2012年5月17日

　　　　　物得其宜——黄花梨精品专场　第1137号

估　　价：RMB 3,500,000-4,500,000

成 交 价：RMB 4,830,000

045

黄花梨藤屉凉榻

年　　代：明

尺　　寸：高47.5厘米　长202厘米　宽96厘米

拍卖时间：北京传是　2012年5月17日

　　　　　物得其宜——黄花梨精品专场　第1138号

估　　价：RMB 800,000-1,500,000

成 交 价：RMB 1,150,000

052

黄花梨六柱架子床

年　　代：明末/清初

尺　　寸：高207厘米　长203.5厘米　宽119.3厘米

拍卖时间：香港佳士得　2012年11月28日　精凝简练——美
　　　　　国私人收藏家珍藏中国家具　第2053号

估　　价：HKD 2,200,000-2,800,000

成 交 价：HKD 6,020,000

049

050

051

049

黄花梨罗汉床

年　　代：

尺　　寸：高87厘米　长214厘米　宽150.5厘米

拍卖时间：纽约佳士得　2012年9月14日

　　　　　中国重要瓷器及工艺品（二）　第1350号

估　　价：USD 20,000-30,000

成 交 价：USD 182,500

051

黄花梨脚踏

年　　代：清初

尺　　寸：高20.9厘米　长72.6厘米　宽32厘米

拍卖时间：香港佳士得　2012年11月28日　精凝简练——美

　　　　　国私人收藏家珍藏中国家具　第2006号

估　　价：HKD 150,000-260,000

成 交 价：HKD 500,000

050

黄花梨黄杨木罗汉床

年　　代：清中期

尺　　寸：高80厘米　长189厘米　宽92厘米

拍卖时间：中国嘉德　2012年10月29日

　　　　　澄怀观物——明清古典家具　第3901号

估　　价：RMB 2,800,000-3,800,000

成 交 价：RMB 3,220,000

049

050

051

049

黄花梨罗汉床

年　　代：

尺　　寸：高87厘米　长214厘米　宽150.5厘米

拍卖时间：纽约佳士得　2012年9月14日

　　　　　中国重要瓷器及工艺品（二）　第1350号

估　　价：USD 20,000-30,000

成 交 价：USD 182,500

051

黄花梨脚踏

年　　代：清初

尺　　寸：高20.9厘米　长72.6厘米　宽32厘米

拍卖时间：香港佳士得　2012年11月28日　精凝简练——美

　　　　　国私人收藏家珍藏中国家具　第2006号

估　　价：HKD 150,000-260,000

成 交 价：HKD 500,000

050

黄花梨黄杨木罗汉床

年　　代：清中期

尺　　寸：高80厘米　长189厘米　宽92厘米

拍卖时间：中国嘉德　2012年10月29日

　　　　　澄怀观物——明清古典家具　第3901号

估　　价：RMB 2,800,000-3,800,000

成 交 价：RMB 3,220,000

052

黄花梨六柱架子床

年　　代：明末/清初

尺　　寸：高207厘米　长203.5厘米　宽119.3厘米

拍卖时间：香港佳士得　2012年11月28日　精凝简练——美
　　　　　国私人收藏家珍藏中国家具　第2053号

估　　价：HKD 2,200,000-2,800,000

成 交 价：HKD 6,020,000

001

002

003

004

001

黄花梨木圆腿炕桌

年　　代：明

尺　　寸：长92厘米　高34厘米

拍卖时间：中国嘉德　1994年11月9日　秋季拍卖会瓷器
　　　　　玉器鼻烟壶工艺品专场　第832号

估　　价：RMB 20,000-30,000

成 交 价：RMB 18,700

002

黄花梨木三弯腿炕桌

年　　代：明

尺　　寸：长92厘米　高31厘米

拍卖时间：中国嘉德　1994年11月9日　秋季拍卖会瓷器
　　　　　玉器鼻烟壶工艺品专场　第833号

估　　价：RMB 30,000-40,000

成 交 价：RMB 30,800

003

黄花梨木外翻球炕桌

年　　代：明

尺　　寸：长99厘米　高29厘米

拍卖时间：中国嘉德　1994年11月9日　秋季拍卖会瓷器
　　　　　玉器鼻烟壶工艺品专场　第834号

估　　价：RMB 40,000-50,000

004

黄花梨木三弯腿大方香儿

年　　代：明

尺　　寸：高88厘米

拍卖时间：中国嘉德　1994年11月9日　秋季拍卖会瓷器
　　　　　玉器鼻烟壶工艺品专场　第835号

估　　价：RMB 250,000-350,000

成 交 价：RMB 187,000

放置陈设  中国古代黄花梨家具
拍卖投资考成汇典

ZHONG GUO GU DAI HUANG HUA LI
JIA JU PAI MAI TOU ZI KAO CHENG
HUI DIAN

005

007

006

008

005

黄花梨木圆里圆条桌

年　　代：明

尺　　寸：高87厘米　长156厘米

拍卖时间：中国嘉德　1996年4月20日　春季拍卖会

　　　　　　瓷器、玉器、鼻烟壶、工艺品专场　第838号

估　　价：RMB 180,000-220,000

成 交 价：RMB 143,000

006

黄花梨一腿三牙方桌

年　　代：明

尺　　寸：长101厘米　宽84厘米　高84厘米

拍卖时间：中国嘉德　1996年4月20日　春季拍卖会

　　　　　　瓷器、玉器、鼻烟壶、工艺品专场　第894号

估　　价：RMB 30,000-50,000

007

黄花梨小炕几

年　　代：17世纪

尺　　寸：高33.3厘米　长80.7厘米　宽39.2厘米

拍卖时间：纽约佳士得　1997年9月18日

　　　　　　毕格史家藏中国古代家具　第65号

估　　价：USD 10,000-15,000

008

黄花梨月牙桌

年　　代：17世纪

尺　　寸：高87.6厘米

拍卖时间：纽约佳士得　1997年9月18日

　　　　　　毕格史家藏中国古代家具　第33号

估　　价：USD 40,000-50,000

009

黄花梨带枨圆足脚踏方桌

年　　代：17/18世纪

尺　　寸：高86厘米　长126厘米　宽74厘米

拍卖时间：纽约佳士得　1998年9月16日　精致典雅

　　　　　公寓：中国古典家具与艺术品　第55号

估　　价：USD 30,000－50,000

010

黄花梨带坐供桌

年　　代：15/16世纪

尺　　寸：高97.2厘米　长115厘米　宽69.8厘米

拍卖时间：纽约佳士得　1998年9月16日　精致典雅：

　　　　　中国古典家具与艺术品　第23号

估　　价：USD 60,000－80,000

011

黄花梨带托泥香几

年　　代：明末清初16至17世纪

尺　　寸：高82.5厘米　长65.4厘米　宽52.1厘米

拍卖时间：纽约苏富比　1999年3月23日

　　　　　重要的中国古典家具专场　第11号

估　　价：USD 30,000－50,000

012

家具冥器

年　　代：明

尺　　寸：高22.9厘米

拍卖时间：纽约苏富比　1999年3月23日

　　　　　重要的中国古典家具专场　第4号

估　　价：USD 2,500－3,500

009

011

010

012

013

013

黄花梨束腰双环卡子条桌

年　　代：17世纪

尺　　寸：高86厘米　长174厘米　宽57.8厘米

拍卖时间：纽约佳士得　1999年9月16日

　　　　　重要的中国古代家具及工艺精品　第108号

估　　价：USD 40,000–60,000

014

014

黄花梨束腰雕螭龙纹条桌

年　　代：17世纪

尺　　寸：高85.1厘米　长94.6厘米　宽48.2厘米

拍卖时间：纽约佳士得　1999年9月16日

　　　　　重要的中国古代家具及工艺精品　第119号

估　　价：USD 25,000–35,000

015

015

黄花梨插隼平头案

年　　代：17世纪

尺　　寸：高82.6厘米　长20.5厘米　宽53厘米

拍卖时间：纽约佳士得　1999年9月16日

　　　　　重要的中国古代家具及工艺精品　第128号

估　　价：USD 50,000–60,000

016

016

黄花梨霸王枨半桌

年　　代：17世纪

尺　　寸：高82.5厘米　长83.8厘米　宽41.2厘米

拍卖时间：纽约佳士得　1999年9月16日

　　　　　重要的中国古代家具及工艺精品　第147号

估　　价：USD 35,000–45,000

017

黄花梨小酒桌

年　　代：清早期

尺　　寸：长 68厘米　宽32厘米　高69厘米

拍卖时间：中国嘉德　1999年10月27日

　　　　　秋季拍卖会古典家具　第1163号

估　　价：RMB 20,000-30,000

成 交 价：RMB 24,200

017

018

018

黄花梨罗锅枨条桌

年　　代：清中期

尺　　寸：长167厘米　宽72.5厘米　高84厘米

拍卖时间：中国嘉德　1999年10月27日

　　　　　秋季拍卖会古典家具　第1164号

估　　价：RMB 22,000-32,000

成 交 价：RMB 41,800

019

019

黄花梨罗锅枨画桌

年　　代：明

尺　　寸：长167厘米　宽72.5厘米　高84厘米

拍卖时间：中国嘉德　1999年10月27日

　　　　　秋季拍卖会古典家具　第1166号

估　　价：RMB 120,000-150,000

020

020

黄花梨高束腰雕花炕桌

年　　代：明

尺　　寸：长105厘米　宽72.5厘米　高27.5厘米

拍卖时间：北京翰海　2000年7月3日

　　　　　春季拍卖会中国木器家具　第1727号

估　　价：RMB 300,000-500,000

021

022

021

黄花梨石心画桌

年　　代：明

尺　　寸：长107厘米　宽70厘米　高82厘米

拍卖时间：北京翰海　2000年7月3日
　　　　　春季拍卖会中国木器家具　第1731号

估　　价：RMB 800,000~1,500,000

022

黄花梨高束腰五足香几

年　　代：17世纪

尺　　寸：高81.6厘米　直径44.5厘米

拍卖时间：纽约佳士得　2002年9月20日
　　　　　攻玉山房藏明式黄花梨家具专场　第19号

估　　价：USD 120,000~180,000

023

023

黄花梨下卷案儿

年　　代：明

尺　　寸：高41厘米　长140厘米　宽32厘米

拍卖时间：北京荣宝　2002年12月8日
　　　　　中国古董珍玩　第473号

估　　价：RMB 25,000~30,000

024

024

黄花梨楠木无束腰画案

年　　代：16世纪/17世纪

尺　　寸：高79.6厘米　长175.3厘米　宽94厘米

拍卖时间：纽约佳士得　2003年9月18日　Gangolf Geis
　　　　　私人收藏中国古典家具专场　第34号

估　　价：USD 150,000~200,000

025

025

黄花梨雕双螭龙方台

年　　代：明

尺　　寸：高140厘米　长48.5厘米　宽48.5厘米

拍卖时间：中国嘉德　2004年11月6日　瓷器家具工艺品　第396号

估　　价：RMB 4,000,000−6,000,000

成　交　价：RMB 4,290,000

2004年中国古家具拍卖十大天价排行榜第8位

040

黄花梨方桌

年　　代：清

尺　　寸：长82厘米　宽82厘米　高80厘米

拍卖时间：浙江钱塘　2008年6月8日

　　　　　春季艺术品拍卖会　第9号

估　　价：RMB 120,000-180,000

040

041

黄花梨长条桌

年　　代：明

尺　　寸：长185厘米　宽48厘米　高85厘米

拍卖时间：浙江钱塘　2008年6月8日

　　　　　春季艺术品拍卖会　第14号

估　　价：RMB 100,000-150,000

041

042

黄花梨楠木面方桌

年　　代：明

尺　　寸：长81厘米　宽81厘米　高80厘米

拍卖时间：浙江钱塘　2008年6月8日

　　　　　春季艺术品拍卖会　第21号

估　　价：RMB 150,000-200,000

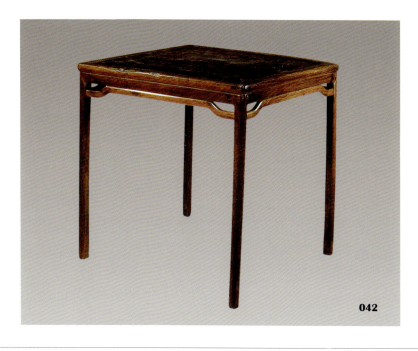

042

043

044

045

046

043

黄花梨四方台

年　　代：清

尺　　寸：长84厘米　宽84厘米　高84厘米

拍卖时间：浙江钱塘　2008年6月8日

　　　　　春季艺术品拍卖会　第30号

估　　价：RMB 180,000-200,000

044

黄花梨翘头案

年　　代：明

尺　　寸：长206厘米　宽47厘米　高79厘米

拍卖时间：浙江钱塘　2008年6月8日

　　　　　春季艺术品拍卖会　第66号

估　　价：RMB 800,000-1,200,000

045

黄花梨大琴儿

年　　代：明

尺　　寸：高18.5厘米　长152厘米　宽43.5厘米

拍卖时间：南京正大　2009年6月7日

　　　　　春季明清古典家具专场　第59号

估　　价：RMB 360,000-500,000

成　交　价：RMB 418,000

046

黄花梨翘头案

年　　代：清

尺　　寸：高85厘米　长134厘米　宽37厘米

拍卖时间：南京正大　2009年6月7日

　　　　　春季明清古典家具专场　第92号

估　　价：RMB 57,000-770,000

成　交　价：RMB 627,000

047

048

049

050

047

黄花梨半桌

年　　代：清

尺　　寸：长99厘米　宽53.5厘米　高85厘米

拍卖时间：新华富邦　2009年8月16日

　　　　　夏季艺术品拍卖会典藏家具专场　第66号

估　　价：RMB 150,000-200,000

049

黄花梨打洼方香儿（一对）

年　　代：清18世纪

尺　　寸：高86.4厘米　长48.2厘米　宽48.2厘米

拍卖时间：纽约苏富比　2009年9月16日

　　　　　赛克勒珍藏中国古典家具地毯专场　第2号

估　　价：USD 10,000-15,000

成 交 价：USD 40,625

048

黄花梨雕龙凤纹条案

年　　代：清乾隆

尺　　寸：长192.7厘米　宽41厘米　高89.8厘米

拍卖时间：北京翰海　2009年9月11日

　　　　　庆典拍卖15周年精品集　第2号

估　　价：RMB 2,800,000-3,800,000

成 交 价：RMB 5,880,000

050

黄花梨雕云纹枨平头案

年　　代：17世纪

尺　　寸：高82厘米　长106厘米　宽43.2厘米

拍卖时间：纽约苏富比　2009年9月16日

　　　　　赛克勒珍藏中国古典家具地毯专场　第5号

估　　价：USD 25,000-35,000

成 交 价：USD 68,500

051

052

053

054

051

黄花梨束腰雕西番莲纹方炕桌

年　　代：17世纪

尺　　寸：高41.3厘米　长91.4厘米　宽91.4厘米

拍卖时间：纽约苏富比　2009年9月16日

　　　　　赛克勒珍藏中国古典家具地毯专场　第3号

估　　价：USD 4,000-6,000

成　交　价：USD 28,125

053

黄花梨卷纹帐四面素香儿

年　　代：清18世纪

尺　　寸：高78.1厘米　长49.5厘米　宽38.1厘米

拍卖时间：纽约苏富比　2009年9月16日

　　　　　赛克勒珍藏中国古典家具地毯专场　第11号

估　　价：USD 5,000-7,000

成　交　价：USD 23,750

052

黄花梨雕花一柱香腿方桌

年　　代：清18世纪

尺　　寸：高52.1厘米　长199.4厘米　宽59.7厘米

拍卖时间：纽约苏富比　2009年9月16日

　　　　　赛克勒珍藏中国古典家具地毯专场　第8号

估　　价：USD 20,000-30,000

成　交　价：USD 98,500

054

黄花梨束腰霸王帐方桌

年　　代：17世纪

尺　　寸：高76.2厘米　长88.9厘米　宽88.9厘米

拍卖时间：纽约苏富比　2009年9月16日

　　　　　赛克勒珍藏中国古典家具地毯专场　第13号

估　　价：USD 50,000-70,000

成　交　价：USD 59,375

055

056

057

058

055

黄花梨雕龙纹三弯腿炕桌

年　　代：清17世纪至18世纪

尺　　寸：高29.2厘米　长98厘米　宽64.7厘米

拍卖时间：纽约苏富比　2009年9月16日

　　　　　赛克勒珍藏中国古典家具地毯专场　第25号

估　　价：USD 20,000–30,000

成 交 价：USD 80,500

056

黄花梨雕云卷纹方桌

年　　代：清19世纪至20世纪

尺　　寸：高82.6.2厘米　长89厘米　宽89厘米

拍卖时间：纽约苏富比　2009年9月16日

　　　　　赛克勒珍藏中国古典家具地毯专场　第26号

估　　价：USD 10,000–15,000

成 交 价：USD 46,875

057

黄花梨带抽屉方几（一对）

年　　代：清18世纪

尺　　寸：高86.6厘米　长46.4厘米　宽40厘米

拍卖时间：纽约苏富比　2009年9月16日

　　　　　赛克勒珍藏中国古典家具地毯专场　第37号

估　　价：USD 8,000–12,000

成 交 价：USD 50,000

058

黄花梨雕龙凤纹条案

年　　代：清乾隆

尺　　寸：长192.7厘米　宽41厘米　高89.8厘米

拍卖时间：北京翰海　2009年11月10日

　　　　　十五周年庆典拍卖会明清家具　第2820号

估　　价：RMB 2,800,000–3,800,000

成 交 价：RMB 5,880,000

059

黄花梨霸王枨画桌

年　　代：明

尺　　寸：长122.5厘米　宽61.5厘米　高87.5厘米

拍卖时间：北京翰海　2009年11月10日

　　　　　十五周年庆典拍卖会明清家具　第2815号

估　　价：RMB 500,000–800,000

成 交 价：RMB 918,400

059

060

黄花梨罗汉床式石面台座

年　　代：清中期

尺　　寸：长23.5厘米　宽12厘米　高15.5厘米

拍卖时间：北京翰海　2009年11月11日

　　　　　十翠轩——文人雅玩集萃　第3057号

估　　价：RMB 45,000–60,000

060

061

061

黄花梨圈椅茶几（一套）

年　　代：清

尺　　寸：尺寸不一

拍卖时间：北京万隆　2010年1月8日

　　　　　古董珍玩专场　第1557号

起 拍 价：RMB 150,000

成 交 价：RMB 246,400

062

062

黄花梨条案

年　　代：明

尺　　寸：长170厘米　宽46厘米　高84厘米

拍卖时间：北京万隆　2010年1月8日

　　　　　古董珍玩专场　第1558号

起 拍 价：RMB 250,000

成 交 价：RMB 280,400

063

065

064

066

063

黄花梨行军台

年　　代：明

尺　　寸：高28.5厘米　长79厘米　宽44.5厘米

拍卖时间：南京正大　2010年1月17日

　　　　　春季明清古典家具专场　第6号

估　　价：RMB 260,000-460,000

成 交 价：RMB 395,500

064

黄花梨翘头案

年　　代：明

尺　　寸：高84.5厘米　长182.5厘米　宽40厘米

拍卖时间：南京正大　2010年1月17日

　　　　　春季明清古典家具专场　第9号

估　　价：RMB 770,000-970,000

成 交 价：RMB 926,600

065

黄花梨木浮雕花卉纹梳妆台

年　　代：清早期

尺　　寸：长42.6厘米　宽28.7厘米　高21.1厘米

拍卖时间：永乐佳士得　2010年5月18日

　　　　　明清工艺精品　第644号

估　　价：RMB 50,000-80,000

066

黄花梨一腿三牙方桌

年　　代：明

尺　　寸：高85厘米　长94.3厘米　宽94.3厘米

拍卖时间：南京正大　2010年5月23日

　　　　　春季明清古典家具专场　第14号

估　　价：RMB 580,000-680,000

成 交 价：RMB 806,000

067

黄花梨平头案

年　　代：清早期

尺　　寸：高82厘米　长108厘米　宽48厘米

拍卖时间：北京保利　2010年6月5日
　　　　　中国古董珍玩　第5360号

估　　价：RMB 250,000-350,000

成 交 价：RMB 280,000

068

黄花梨炕几

年　　代：清

尺　　寸：长97.5厘米　宽59.5厘米　高26厘米

拍卖时间：浙江佳宝　2010年6月6日
　　　　　宫廷典藏家具拍卖专场　第20号

估　　价：RMB 150,000-200,000

成 交 价：RMB 201,600

069

黄花梨炕几

年　　代：清早期

尺　　寸：长70.5厘米　高33厘米

拍卖时间：浙江佳宝　2010年6月6日
　　　　　宫廷典藏家具拍卖专场　第21号

估　　价：RMB 100,000-150,000

成 交 价：RMB 145,600

070

黄花梨七屏镜台

年　　代：明

尺　　寸：长52.55厘米　宽41.5厘米　高50厘米

拍卖时间：浙江佳宝　2010年6月6日
　　　　　宫廷典藏家具拍卖专场　第23号

估　　价：RMB 100,000-150,000

成 交 价：RMB 134,400

067

069

068

070

071

072

073

074

071

黄花梨云纹宫廷方桌

年　　代：清

尺　　寸：长90.7厘米　宽90.7厘米　高82.7厘米

拍卖时间：浙江佳宝　2010年6月6日

　　　　　宫廷典藏家具拍卖专场　第67号

估　　价：RMB 400,000-800,000

成 交 价：RMB 672,000

072

黄花梨工字枨画桌

年　　代：清

尺　　寸：长133厘米　宽68厘米　高81厘米

拍卖时间：浙江佳宝　2010年6月6日

　　　　　宫廷典藏家具拍卖专场　第77号

估　　价：RMB 300,000-500,000

成 交 价：RMB 336,000

073

黄花梨圆包圆半边桌

年　　代：清

尺　　寸：长105厘米　宽55厘米　高79厘米

拍卖时间：浙江佳宝　2010年6月6日

　　　　　宫廷典藏家具拍卖专场　第81号

估　　价：RMB 200,000-300,000

成 交 价：RMB 280,000

074

黄花梨雕云纹琴几

年　　代：明

尺　　寸：长95厘米　宽28.2厘米　高37厘米

拍卖时间：香港长风　2010年6月22日

　　　　　瓷器杂项专场　第997号

估　　价：HKD 1,200,000-1,800,000

成 交 价：HKD 1,344,000

075

黄花梨香几

年　　代：清

尺　　寸：长18.2厘米　宽18厘米　高11.7厘米

拍卖时间：西泠印社　2010年7月6日
　　　　　文房清玩·首届香具、茶具专场　第2614号

估　　价：RMB 15,000～20,000

成 交 价：RMB 24,640

075

076

076

黄花梨回纹螭龙香几

年　　代：清初

尺　　寸：长93厘米　宽45厘米　高83厘米

拍卖时间：上海新华　2010年9月5日
　　　　　明清宫廷器及经典古玩　第913号

估　　价：RMB 1,200,000～1,800,000

成 交 价：RMB 1,344,000

077

黄花梨无束腰攒牙大画桌

年　　代：清

尺　　寸：高84厘米　长163厘米　宽84厘米

拍卖时间：南京正大　2010年9月26日
　　　　　春季明清古典家具专场　第117号

估　　价：RMB 1,160,000～1,299,000

成 交 价：RMB 1,299,000

077

078

黄花梨夔龙纹独挺柱方桌

年　　代：清

尺　　寸：高87厘米　长83.5厘米　宽83.5厘米

拍卖时间：南京正大　2010年9月26日
　　　　　春季明清古典家具专场　第121号

估　　价：RMB 260,000～360,000

成 交 价：RMB 470,000

078

079

079

黄花梨小书橱

年　　代：清

尺　　寸：长67厘米　宽35厘米　高109厘米

拍卖时间：歌德　2010年11月19日

　　　　　文房清供　第917号

估　　价：RMB 150,000－180,000

成 交 价：RMB 168,000

080

黄花梨雕灯笼腿小桌

年　　代：清早期

尺　　寸：长107厘米　宽52厘米　高82厘米

拍卖时间：歌德　2010年11月19日

　　　　　文房清供　第919号

估　　价：RMB 400,000－600,000

成 交 价：RMB 649,600

081

080

081

黄花梨高束腰雕龙纹香几

年　　代：明

尺　　寸：长37厘米　宽37厘米　高94厘米

拍卖时间：歌德　2010年11月19日

　　　　　文房清供　第912号

估　　价：RMB 500,000－700,000

成 交 价：RMB 560,000

082

黄花梨独板半桌

年　　代：清中期

尺　　寸：长93厘米　宽52厘米　高85厘米

拍卖时间：歌德　2010年11月19日

　　　　　文房清供　第921号

估　　价：RMB 180,000－250,000

成 交 价：RMB 246,400

082

083

黄花梨独板大条案

年　　代：明

尺　　寸：长205厘米　宽39厘米　高89厘米

拍卖时间：歌德　2010年11月19日

　　　　　文房清供　第922号

估　　价：RMB 1,300,000－1,500,000

成 交 价：RMB 1,456,000

083

084

084

黄花梨花几

年　　代：明

尺　　寸：面径48厘米　高48.5厘米

拍卖时间：歌德　2010年11月19日

　　　　　文房清供　第933号

估　　价：RMB 65,000－80,000

成 交 价：RMB 103,040

085

黄花梨折叠式炕案

年　　代：清早期

尺　　寸：长79厘米　宽62厘米　高32厘米

拍卖时间：中国嘉德　2010年11月21日　秋季拍卖会

　　　　　简约隽永——明式黄花梨家具精品　第2593号

估　　价：RMB 280,000－380,000

成 交 价：RMB 504,000

085

086

黄花梨有束腰马蹄腿半桌

年　　代：清

尺　　寸：长95厘米　宽47厘米　高86厘米

拍卖时间：中国嘉德　2010年11月21日　秋季拍卖会

　　　　　简约隽永——明式黄花梨家具精品　第259﹖

估　　价：RMB 180,000－280,000

成 交 价：RMB 425,000

086

087

087

黄花梨无束腰瓜棱腿方桌

年　　代：明

尺　　寸：长99厘米　宽99厘米　高84厘米

拍卖时间：中国嘉德　2010年11月21日　秋季拍卖会
　　　　　简约隽永——明式黄花梨家具精品　第2597号

估　　价：RMB 650,000~850,000

成 交 价：RMB 2,016,000

088

黄花梨有束腰攒罗锅枨画桌

年　　代：明

尺　　寸：长136厘米　宽71厘米　高85厘米

拍卖时间：中国嘉德　2010年11月21日　秋季拍卖会
　　　　　简约隽永——明式黄花梨家具精品　第2598号

估　　价：RMB 280,000~380,000

成 交 价：RMB 4,424,000

089

黄花梨罗锅枨绿纹石面香案

年　　代：明

尺　　寸：长84厘米　宽53厘米　高84厘米

拍卖时间：中国嘉德　2010年11月21日　秋季拍卖会
　　　　　简约隽永——明式黄花梨家具精品　第2599号

估　　价：RMB 600,000~900,000

成 交 价：RMB 1,456,000

088

089

090

090

黄花梨雕凤纹小平头案

年　　代：明

尺　　寸：长118厘米　宽49厘米　高80厘米

拍卖时间：中国嘉德　2010年11月21日　秋季拍卖会
　　　　　简约隽永——明式黄花梨家具精品　第2604号

估　　价：RMB 700,000~1,200,000

成 交 价：RMB 1,848,000

091

091

黄花梨大圆腿平头条案

年　　代：明

尺　　寸：长197厘米　宽58厘米　高82厘米

拍卖时间：中国嘉德　2010年11月21日　秋季拍卖会
　　　　　简约隽永——明式黄花梨家具精品　第2605号

估　　价：RMB 1,500,000-1,800,000

成 交 价：RMB 3,696,000

092

黄花梨圆裹腿带卡子花半桌

年　　代：清早期

尺　　寸：长97厘米　宽49厘米　高88厘米

拍卖时间：中国嘉德　2010年11月21日　秋季拍卖会
　　　　　简约隽永——明式黄花梨家具精品　第2606号

估　　价：RMB 800,000-1,200,000

成 交 价：RMB 1,008,000

093

093

黄花梨连三闷户橱

年　　代：清

尺　　寸：长188厘米　宽52厘米　高86厘米

拍卖时间：中国嘉德　2010年11月21日　秋季拍卖会　简约隽
　　　　　永——明式黄花梨家具精品　第2612号

估　　价：RMB 800,000-1,200,000

成 交 价：RMB 896,000

094

094

黄花梨有束腰马蹄腿罗锅枨长条桌

年　　代：明

尺　　寸：长158厘米　宽58厘米　高87厘米

拍卖时间：中国嘉德　2010年11月21日　秋季拍卖会　简约
　　　　　隽永——明式黄花梨家具精品　第2617号

估　　价：RMB 1,600,000-2,600,000

成 交 价：RMB 3,472,000

095

097

096

098

095

黄花梨圆裹腿罗锅枨条桌

年　　代：明

尺　　寸：长97厘米　宽42厘米　高83厘米

拍卖时间：中国嘉德　2010年11月21日　秋季拍卖会　简
　　　　　约隽永——明式黄花梨家具精品　第2618号

估　　价：RMB 450,000-650,000

成 交 价：RMB 2,128,000

096

黄花梨三弯腿炕桌

年　　代：清

尺　　寸：长96厘米　宽61厘米　高29厘米

拍卖时间：中国嘉德　2010年11月21日　秋季拍卖会　简约
　　　　　隽永——明式黄花梨家具精品　第2626号

估　　价：RMB 200,000-400,000

成 交 价：RMB 448,000

097

黄花梨高束腰可拆卸棋桌

年　　代：清早期

尺　　寸：长91厘米　宽91厘米　高85厘米

拍卖时间：中国嘉德　2010年11月21日　秋季拍卖会
　　　　　简约隽永——明式黄花梨家具精品　第2627号

估　　价：RMB 2,600,000-3,600,000

成 交 价：RMB 7,840,000

098

黄花梨四平面带翘头条桌

年　　代：明

尺　　寸：长112厘米　宽48厘米　高86厘米

拍卖时间：中国嘉德　2010年11月21日　秋季拍卖会
　　　　　简约隽永——明式黄花梨家具精品　第2628号

估　　价：RMB 500,000-8,500,000

成 交 价：RMB 23,520,000

099

黄花梨大方腿平头案

年　　代：清早期

尺　　寸：长218厘米　宽57厘米　高87厘米

拍卖时间：中国嘉德　2010年11月21日　秋季拍卖会
　　　　　简约隽永——明式黄花梨家具精品　第2629号

估　　价：RMB 2,800,000-3,800,000

成 交 价：RMB 3,136,000

100

黄花梨圆腿带抽屉小画桌

年　　代：清中期

尺　　寸：长97厘米　宽61厘米　高83厘米

拍卖时间：中国嘉德　2010年11月21日　秋季拍卖会
　　　　　简约隽永——明式黄花梨家具精品　第2630号

估　　价：RMB 600,000-800,000

成 交 价：RMB 873,600

101

黄花梨大圆裹腿条桌

年　　代：清

尺　　寸：长186厘米　宽46厘米　高86厘米

拍卖时间：中国嘉德　2010年11月21日　秋季拍卖会　简
　　　　　约隽永——明式黄花梨家具精品　第2631号

估　　价：RMB 500,000-800,000

成 交 价：RMB 985,600

102

黄花梨圆腿顶牙罗锅枨瘿木面酒桌

年　　代：明

尺　　寸：长104厘米　宽73厘米　高87厘米

拍卖时间：中国嘉德　2010年11月21日　秋季拍卖会
　　　　　简约隽永——明式黄花梨家具精品　第2632号

估　　价：RMB 2,400,000-3,400,000

成 交 价：RMB 5,600,000

099

101

100

102

103

105

104

106

103

黄花梨高束腰马蹄足挖缺做条桌

年　　代：明

尺　　寸：长98厘米　宽48厘米　高88厘米

拍卖时间：中国嘉德　2010年11月21日　秋季拍卖会
　　　　　简约隽永——明式黄花梨家具精品　第2640号

估　　价：RMB 2,200,000－3,200,000

成 交 价：RMB 10,080,000

104

黄花梨小圆腿平头案

年　　代：明

尺　　寸：长133厘米　宽45厘米　高79厘米

拍卖时间：中国嘉德　2010年11月21日　秋季拍卖会
　　　　　简约隽永——明式黄花梨家具精品　第2648号

估　　价：RMB 500,000－800,000

成 交 价：RMB 1,456,000

105

黄花梨龙纹方桌

年　　代：清早期

尺　　寸：长90厘米　宽90厘米　高87厘米

拍卖时间：中国嘉德　2010年11月21日　秋季拍卖会
　　　　　简约隽永——明式黄花梨家具精品　第2649号

估　　价：RMB 680,000－880,000

成 交 价：RMB 3,920,000

106

黄花梨五屏式镜台

年　　代：明万历

尺　　寸：高69厘米　长37厘米　宽62.8厘米

拍卖时间：南京正大　2010年12月12日
　　　　　秋季宫廷御制古典家具专场　第1号

估　　价：RMB 260,000－560,000

成 交 价：RMB 728,000

107

107

109

109

108

108

110

110

107

黄花梨双龙纹方桌

年　　代：明

尺　　寸：高85厘米　长98厘米　宽98厘米

拍卖时间：南京正大　2010年12月12日

　　　　　秋季宫廷御制古典家具专场　第3号

估　　价：RMB 980,000-980,000

成 交 价：RMB 4,816,000

108

黄花梨圆包圆大画桌

年　　代：明

尺　　寸：高84厘米　长176.5厘米　宽65厘米

拍卖时间：南京正大　2010年12月12日

　　　　　秋季宫廷御制古典家具专场　第4号

估　　价：RMB 3,200,000-4,800,000

成 交 价：RMB 3,472,000

109

黄花梨镶龟背纹平头案

年　　代：清

尺　　寸：高81厘米　长158.5厘米　宽53厘米

拍卖时间：南京正大　2010年12月12日

　　　　　秋季宫廷御制古典家具专场　第5号

估　　价：RMB 1,760,000-2,246,000

成 交 价：RMB 2,128,000

110

黄花梨独板架几案

年　　代：明

尺　　寸：高77.3厘米　长227厘米　宽54.5厘米

拍卖时间：南京正大　2010年12月12日

　　　　　秋季宫廷御制古典家具专场　第8号

估　　价：待询

成 交 价：RMB 21,280,000

111

111

黄花梨雕龙纹大翘头案

年　　代：明

尺　　寸：高93.5厘米　长300厘米　宽58.5厘米

拍卖时间：南京正大　2010年12月12日

　　　　　秋季宫廷御制古典家具专场　第10号

估　　价：RMB 3,800,000-8,800,000

成 交 价：RMB 5,320,000

112

黄花梨卡子花大画桌

年　　代：明

尺　　寸：高86厘米　长210厘米　宽55厘米

拍卖时间：南京正大　2010年12月12日

　　　　　秋季宫廷御制古典家具专场　第15号

估　　价：RMB 1,900,000-3,900,000

成 交 价：RMB 2,240,000

112

113

黄花梨云龙纹花卡画桌

年　　代：清

尺　　寸：高78厘米　长184厘米　宽74厘米

拍卖时间：南京正大　2010年12月12日

　　　　　秋季宫廷御制古典家具专场　第21号

估　　价：RMB 490,000-790,000

成 交 价：RMB 918,400

113

114

黄花梨大琴儿

年　　代：明

尺　　寸：高18.5厘米　长152厘米　宽43.5厘米

拍卖时间：南京正大　2010年12月12日

　　　　　秋季宫廷御制古典家具专场　第22号

估　　价：RMB 180,000-380,000

成 交 价：RMB 313,600

114

115

115

黄花梨镶紫檀卷云纹平头案

年　　代：清

尺　　寸：高83.5厘米　长208厘米　宽62厘米

拍卖时间：南京正大　2010年12月12日

　　　　　　秋季宫廷御制古典家具专场　第26号

估　　价：RMB 980,000-1,380,000

成 交 价：RMB 2,016,000

116

黄花梨霸王枨平头案

年　　代：明

尺　　寸：高80厘米　长136厘米　宽70厘米

拍卖时间：南京正大　2010年12月12日

　　　　　　秋季宫廷御制古典家具专场　第33号

估　　价：RMB 860,000-1,560,000

成 交 价：RMB 1,512,000

116

117

117

黄花梨雕龙霸王枨方桌

年　　代：清早期

尺　　寸：高83厘米　长98厘米　宽96.5厘米

拍卖时间：南京正大　2010年12月12日

　　　　　　秋季宫廷御制古典家具专场　第50号

估　　价：RMB 780,000-1,280,000

成 交 价：RMB 1,512,000

118

黄花梨梳妆台

年　　代：清

尺　　寸：边长41厘米　高21厘米

拍卖时间：西泠印社　2010年12月14日

　　　　　　文房清玩——古玩杂件专场　第2779号

估　　价：RMB 80,000-150,000

成 交 价：RMB 156,800

118

119

黄花梨螭纹霸王枨画案

年　　代：明

尺　　寸：长131厘米　宽78.5厘米　高81厘米

拍卖时间：舍得　2010年12月16日

　　　　　中国明清家具专场拍卖会　第49号

估　　价：RMB 300,000–350,000

119

120

黄花梨方桌

年　　代：明

尺　　寸：长91厘米　宽91厘米　高91厘米

拍卖时间：舍得　2010年12月16日

　　　　　中国明清家具专场拍卖会　第32号

估　　价：RMB 200,000–220,000

120

121

121

黄花梨炕桌

年　　代：明

尺　　寸：长104厘米　宽73厘米　高30厘米

拍卖时间：舍得　2010年12月16日

　　　　　中国明清家具专场拍卖会　第27号

估　　价：RMB 130,000–150,000

122

122

黄花梨罗锅枨方桌

年　　代：明

尺　　寸：长93厘米　宽93厘米　高85厘米

拍卖时间：舍得　2010年12月16日

　　　　　中国明清家具专场拍卖会　第8号

估　　价：RMB 300,000–320,000

123

124

123

黄花梨三碰肩桌

年　　代：明

尺　　寸：长93厘米　宽48厘米　高78厘米

拍卖时间：舍得　2010年12月16日

　　　　　中国明清家具专场拍卖会　第26号

估　　价：RMB 130,000-150,000

124

黄花梨束腰直枨卡子花条案

年　　代：明

尺　　寸：长94厘米　宽46厘米　高86.5厘米

拍卖时间：舍得　2010年12月16日

　　　　　中国明清家具专场拍卖会　第52号

估　　价：RMB 320,000-350,000

125

126

125

黄花梨一腿三牙罗锅枨加卡子花方桌

年　　代：明

尺　　寸：长88厘米　宽88厘米　高86厘米

拍卖时间：舍得　2010年12月16日

　　　　　中国明清家具专场拍卖会　第18号

估　　价：RMB 450,000-500,000

126

黄花梨一腿三牙罗锅枨条桌

年　　代：明

尺　　寸：长83.5厘米　宽45厘米　高78厘米

拍卖时间：舍得　2010年12月16日

　　　　　中国明清家具专场拍卖会　第15号

估　　价：RMB 120,000-140,000

127

128

127

黄花梨嵌大理石条桌

年　　代：明

尺　　寸：长94.5厘米　宽54厘米　高86厘米

拍卖时间：舍得拍卖　2011年4月17日
　　　　　中国明清黄花梨、紫檀家具专场拍卖会　第1号

估　　价：RMB 200,000-350,000

128

黄花梨卷云纹八仙桌

年　　代：清

尺　　寸：长104.5厘米　宽105厘米　高86厘米

拍卖时间：舍得拍卖　2011年4月17日
　　　　　中国明清黄花梨、紫檀家具专场拍卖会　第2号

估　　价：RMB 320,000-460,000

成　交　价：RMB 440,000

130

129

129

黄花梨书桌

年　　代：清

尺　　寸：长121厘米　宽78.3厘米　高86.2厘米

拍卖时间：舍得拍卖　2011年4月17日
　　　　　中国明清黄花梨、紫檀家具专场拍卖会　第4号

估　　价：RMB 450,000-600,000

130

黄花梨双环卡子花条桌

年　　代：明

尺　　寸：长95厘米　宽45厘米　高66厘米

拍卖时间：舍得拍卖　2011年4月17日
　　　　　中国明清黄花梨、紫檀家具专场拍卖会　第5号

估　　价：RMB 380,000-500,000

成　交　价：RMB 370,000

131

131

黄花梨炕桌

年　　代：清早期

尺　　寸：长78厘米　宽40.5厘米　高25厘米

拍卖时间：舍得拍卖　2011年4月17日

　　　　　中国明清黄花梨、紫檀家具专场拍卖会　第8号

估　　价：RMB 400,000-520,000

成 交 价：RMB 360,000

132

132

黄花梨平头案

年　　代：明

尺　　寸：高82厘米　长103厘米　宽55厘米

拍卖时间：舍得拍卖　2011年4月17日

　　　　　中国明清黄花梨、紫檀家具专场拍卖会　第22号

估　　价：RMB 220,000-300,000

133

133

黄花梨云纹酒桌

年　　代：明

尺　　寸：高80.9厘米　长95.7厘米　宽61厘米

拍卖时间：舍得拍卖　2011年4月17日

　　　　　中国明清黄花梨、紫檀家具专场拍卖会　第24号

估　　价：RMB 350,000-500,000

成 交 价：RMB 370,000

134

134

黄花梨独板大画案

年　　代：清早期

尺　　寸：高85厘米　长215厘米　宽74厘米

拍卖时间：舍得拍卖　2011年4月17日

　　　　　中国明清黄花梨、紫檀家具专场拍卖会　第26号

估　　价：RMB 1,700,000-2,600,000

成 交 价：RMB 1,100,000

135

136

137

135

黄花梨独板云纹平头案

年　　代：明

尺　　寸：高80.5厘米　长203.3厘米　宽52.3厘米

拍卖时间：舍得拍卖　2011年4月17日

　　　　　　中国明清黄花梨、紫檀家具专场拍卖会　第27号

估　　价：RMB 1,200,000-1,600,000

136

黄花梨如意云纹平头案

年　　代：明

尺　　寸：高85.3厘米　长131厘米　宽58.5厘米

拍卖时间：舍得拍卖　2011年4月17日

　　　　　　中国明清黄花梨、紫檀家具专场拍卖会　第30号

估　　价：RMB 300,000-450,000

137

黄花梨佛龛

年　　代：清

尺　　寸：高43.3厘米　长45.6厘米　宽33.8厘米

拍卖时间：舍得拍卖　2011年4月17日

　　　　　　中国明清黄花梨、紫檀家具专场拍卖会　第68号

估　　价：RMB 140,000-200,000

成 交 价：RMB 130,000

138

黄花梨联三闷户橱

年　　代：清

尺　　寸：高87.5厘米　长170.5厘米　宽53厘米

拍卖时间：舍得拍卖　2011年4月17日

　　　　　　中国明清黄花梨、紫檀家具专场拍卖会　第41号

估　　价：RMB 1,000,000-1,500,000

成 交 价：RMB 2,300,000

138

139

黄花梨龙凤纹五屏式镜台

年　　代：清

尺　　寸：高31厘米　长72.5厘米　宽55.5厘米

拍卖时间：舍得拍卖　2011年4月17日

　　　　　中国明清黄花梨、紫檀家具专场拍卖会　第66号

估　　价：RMB 220,000—300,000

成 交 价：RMB 320,000

140

黄花梨联三闷户橱

年　　代：清早期

尺　　寸：高86厘米　长195厘米　宽55厘米

拍卖时间：舍得拍卖　2011年4月17日
　　　　　中国明清黄花梨、紫檀家具专场拍卖会　第45号

估　　价：RMB 1,300,000—2,200,000

141

黄花梨殿式佛龛

年　　代：清早期

尺　　寸：高123.5厘米　长119.6厘米　宽73.5厘米

拍卖时间：舍得拍卖　2011年4月17日
　　　　　中国明清黄花梨、紫檀家具专场拍卖会　第69号

估　　价：RMB 1,600,000—2,800,000

142

黄花梨束腰方桌

年　　代：明

尺　　寸：高80厘米　长71.5厘米　宽71.5厘米

拍卖时间：南京正大　2011年4月23日
　　　　　春季明清古典家具专场　第19号

估　　价：RMB 200,000—400,000

成 交 价：RMB 336,800

143

黄花梨平头案

年　　代：清

尺　　寸：高85厘米　长195.5厘米　宽46厘米

拍卖时间：南京正大　2011年4月23日
　　　　　春季明清古典家具专场　第97号

估　　价：RMB 398,000—598,000

成 交 价：RMB 470,400

140

142

141

143

144

146

145

147

144

黄花梨花几

年　　代：清

尺　　寸：高68.5厘米　长59厘米　宽44厘米

拍卖时间：南京正大　2011年4月23日

　　　　　春季明清古典家具专场　第120号

估　　价：RMB 42,000-78,000

成 交 价：RMB 101,920

145

黄花梨香几

年　　代：清18世纪

尺　　寸：高51.2厘米

拍卖时间：伦敦佳士得　2011年5月10日

　　　　　重要中国瓷器及工艺品　第192号

估　　价：GBP 5,000-8,000

146

黄花梨便携式书台

年　　代：清18世纪

尺　　寸：长48厘米

拍卖时间：伦敦苏富比　2011年5月11日

　　　　　中国瓷器及工艺品　第101号

估　　价：GRP 8,000-12,000

成 交 价：GBP 13,750

147

黄花梨雕螭虎龙纹炕桌

年　　代：明末

尺　　寸：高22.5厘米　长70厘米　宽49.2厘米

拍卖时间：中国嘉德　2011年5月21日

　　　　　读往会心——侣明室藏明式家具　第3324号

估　　价：RMB 500,000-700,000

成 交 价：RMB 2,012,500

148

149

150

151

148

黄花梨有束腰马蹄足琴桌

年　　代：明末

尺　　寸：高84.4厘米　长103厘米　宽51.3厘米

拍卖时间：中国嘉德　2011年5月21日

　　　　　读往会心——侣明室藏明式家具　第3326号

估　　价：RMB 1,200,000-1,600,000

成 交 价：RMB 2,127,500

150

黄花梨折叠式炕桌

年　　代：明末

尺　　寸：高28.7厘米　长77.4厘米　宽38.7厘米

拍卖时间：中国嘉德　2011年5月21日

　　　　　读往会心——侣明室藏明式家具　第3332号

估　　价：RMB 350,000-550,000

成 交 价：RMB 1,495,000

149

黄花梨仿竹材套环条桌（一对）

年　　代：明末清初

尺　　寸：高88.6厘米　长111.6厘米　宽55.9厘米

拍卖时间：中国嘉德　2011年5月21日

　　　　　读往会心——侣明室藏明式家具　第3327号

估　　价：RMB 2,400,000-3,200,000

成 交 价：RMB 4,600,000

151

黄花梨高罗锅枨条桌

年　　代：明末清初

尺　　寸：高86.6厘米　长102.8厘米　宽49.5厘米

拍卖时间：中国嘉德　2011年5月21日

　　　　　读往会心——侣明室藏明式家具　第3336号

估　　价：RMB 1,200,000-1,600,000

成 交 价：RMB 4,140,000

152

153

154

155

152

黄花梨嵌桦木平头案

年　　代：明末

尺　　寸：高81厘米　长93.7厘米　宽38.1厘米

拍卖时间：中国嘉德　2011年5月21日

　　　　　读往会心——侣明室藏明式家具　第3337号

估　　价：RMB 800,000-1,200,000

成 交 价：RMB 2,702,500

154

黄花梨三弯腿方香几

年　　代：明末

尺　　寸：高80.7厘米　长60厘米　宽57.8厘米

拍卖时间：中国嘉德　2011年5月21日

　　　　　读往会心——侣明室藏明式家具　第3345号

估　　价：RMB 2,600,000-3,600,000

成 交 价：RMB 5,930,000

153

黄花梨雕龙纹石面马蹄足半桌

年　　代：明末

尺　　寸：高87.3厘米　长98.5厘米　宽55厘米

拍卖时间：中国嘉德　2011年5月21日

　　　　　读往会心——侣明室藏明式家具　第3344号

估　　价：RMB 1,200,000-1,600,000

成 交 价：RMB 2,530,000

155

黄花梨灵芝挡板小型翘头案

年　　代：明

尺　　寸：高12.9厘米　长45厘米　宽23.9厘米

拍卖时间：中国嘉德　2011年5月21日

　　　　　读往会心——侣明室藏明式家具　第3351号

估　　价：RMB 50,000-80,000

成 交 价：RMB 732,000

156

黄花梨炕桌

年　　代：明

尺　　寸：高31厘米　长81.9厘米　宽76.7厘米

拍卖时间：中国嘉德　2011年5月21日

　　　　　读往会心——侣明室藏明式家具　第3352号

估　　价：RMB 350,000-550,000

成 交 价：RMB 977,500

157

黄花梨长方香几

年　　代：明末

尺　　寸：高85.3厘米　长56.3厘米　宽38.4厘米

拍卖时间：中国嘉德　2011年5月21日

　　　　　读往会心——侣明室藏明式家具　第3356号

估　　价：RMB 1,500,000-2,200,000

成 交 价：RMB 7,130,000

158

黄花梨高束腰霸王枨翘头几

年　　代：明末

尺　　寸：高79.5厘米　长110.5厘米　宽40厘米

拍卖时间：中国嘉德　2011年5月21日

　　　　　读往会心——侣明室藏明式家具　第3357号

估　　价：RMB 3,800,000-4,800,000

成 交 价：RMB 11,500,000

159

黄花梨有束腰展腿式半桌

年　　代：明末

尺　　寸：高83.9厘米　长105厘米　宽63厘米

拍卖时间：中国嘉德　2011年5月21日

　　　　　读往会心——侣明室藏明式家具　第3358号

估　　价：RMB 4,000,000-6,000,000

成 交 价：RMB 6,050,000

160

161

162

163

160

黄花梨有束腰小桌

年　　代：明末

尺　　寸：高71.8厘米　长74.9厘米　宽40厘米

拍卖时间：中国嘉德　2011年5月21日

　　　　　读往会心——侣明室藏明式家具　第3369号

估　　价：RMB 1,000,000－1,500,000

成 交 价：RMB 3,565,000

162

黄花梨四面平几

年　　代：明末

尺　　寸：高80.3厘米　长56.8厘米　宽33.8厘米

拍卖时间：中国嘉德　2011年5月21日

　　　　　读往会心——侣明室藏明式家具　第3377号

估　　价：RMB 800,000－1,200,000

成 交 价：RMB 1,840,000

161

黄花梨两用条、炕桌

年　　代：明末清初

尺　　寸：高80厘米　长107.5厘米　宽71.5厘米

拍卖时间：中国嘉德　2011年5月21日

　　　　　读往会心——侣明室藏明式家具　第3370号

估　　价：RMB 2,400,000－3,400,000

成 交 价：RMB 5,520,000

163

黄花梨八仙桌

年　　代：明末

尺　　寸：高83.5厘米　长99.3厘米　宽99.2厘米

拍卖时间：中国嘉德　2011年5月21日

　　　　　读往会心——侣明室藏明式家具　第3378号

估　　价：RMB 1,200,000－1,600,000

成 交 价：RMB 2,530,000

164

164

黄花梨嵌桦木小画案

年　　代：明末

尺　　寸：高79.8厘米　长143厘米　宽63厘米

拍卖时间：中国嘉德　2011年5月21日

　　　　　读往会心——侣明室藏明式家具　第3379号

估　　价：RMB 1,300,000-1,800,000

成 交 价：RMB 4,600,000

165

165

黄花梨夹头榫带屉板小平头案

年　　代：明末

尺　　寸：高76厘米　长63.9厘米　宽31.1厘米

拍卖时间：中国嘉德　2011年5月21日

　　　　　读往会心——侣明室藏明式家具　第3386号

估　　价：RMB 800,000-1,200,000

成 交 价：RMB 1,610,000

166

166

黄花梨独板变体四面平桌

年　　代：明末

尺　　寸：高84.8厘米　长88.4厘米　宽38.5厘米

拍卖时间：中国嘉德　2011年5月21日

　　　　　读往会心——侣明室藏明式家具　第3387号

估　　价：RMB 600,000-800,000

成 交 价：RMB 4,025,000

167

黄花梨独板云纹牙头翘头案

年　　代：明末

尺　　寸：高79.8厘米　长116.4厘米　宽32.7厘米

拍卖时间：中国嘉德　2011年5月21日

　　　　　读往会心——侣明室藏明式家具　第3389号

估　　价：RMB 1,600,000-2,600,000

成 交 价：RMB 3,335,000

167

169

169

黄花梨夔龙纹五屏风式镜台

年　　代：明

尺　　寸：高66厘米　长30厘米　宽51厘米

拍卖时间：北京保利　2011年6月6日

　　　　　中国古典家具夜场　第8866号

估　　价：RMB 400,000-600,000

成　交　价：RMB 920,000

168

168

黄花梨方桌

年　　代：清初

尺　　寸：高84厘米　长95厘米　宽95厘米

拍卖时间：北京歌德　2011年6月3日

　　　　　香远益清——文房清供专场（一）　第699号

估　　价：RMB 350,000-400,000

170

170

黄花梨夹头榫平头案

年　　代：明

尺　　寸：高79厘米　长167.5厘米　宽55厘米

拍卖时间：北京保利　2011年6月6日

　　　　　中国古典家具夜场　第8872号

估　　价：RMB 1,000,000-1,500,000

成　交　价：RMB 2,530,000

171

172

173

171

黄花梨有束腰马蹄足套环卡子花条桌

年　　代：明

尺　　寸：高173厘米　长84厘米　宽52厘米

拍卖时间：北京保利　2011年6月6日

　　　　　中国古典家具夜场　第8875号

估　　价：RMB 1,500,000-2,000,000

成 交 价：RMB 2,070,000

172

黄花梨画桌

年　　代：明

尺　　寸：高122厘米　长86.5厘米　宽62厘米

拍卖时间：北京保利　2011年6月6日

　　　　　中国古典家具夜场　第8887号

估　　价：RMB 1,000,000-1,500,000

成 交 价：RMB 1,610,000

173

黄花梨万字纹书橱（一对）

年　　代：明

尺　　寸：高169厘米　长94厘米　宽50.5厘米

拍卖时间：北京保利　2011年6月6日

　　　　　中国古典家具夜场　第8890号

估　　价：RMB 6,000,000-8,000,000

174

黄花梨炕桌

年　　代：明

尺　　寸：高28厘米　长77厘米　宽52厘米

拍卖时间：北京保利　2011年6月6日

　　　　　中国古典家具夜场　第8895号

估　　价：RMB 400,000-600,000

成 交 价：RMB 460,000

174

175

黄花梨雕云龙纹带托泥平头案

年　　代：清19世纪
尺　　寸：高50.5厘米　长149厘米　宽42厘米
拍卖时间：巴黎苏富比　2011年6月9日
　　　　　Arts d' Asie　第210号
估　　价：EUR 4,000-6,000

175

176

黄花梨镶大理石座儿

年　　代：清
尺　　寸：长22.9厘米
拍卖时间：北京纳高　2011年7月6日
　　　　　文房清供专场　第2269号
起 拍 价：RMB 18,000
成 交 价：RMB 46,000

176

177

黄花梨木架儿案

年　　代：清
尺　　寸：高98厘米　长305厘米　宽55厘米
拍卖时间：中国嘉德四季　2011年9月19日
　　　　　承古容今——古典家具专场　第5911号
估　　价：RMB 250,000-350,000
成 交 价：RMB 287,500

177

178

黄花梨带屉马蹄腿小桌

年　　代：清
尺　　寸：高75厘米　长85厘米　宽38厘米
拍卖时间：中国嘉德四季　2011年9月19日
　　　　　承古容今——古典家具专场　第5912号
估　　价：RMB 180,000-250,000
成 交 价：RMB 218,500

178

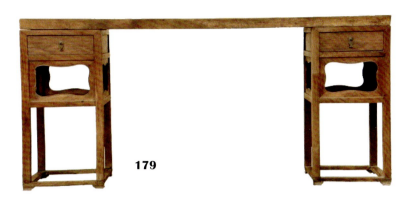

179

180

179

黄花梨独板架儿案

年　　代：清早期

尺　　寸：长200.8厘米　宽41.3厘米　高91厘米

拍卖时间：舍得　2011年9月25日
　　　　　中国古典家具黄花梨、紫檀专场拍卖会　第24号

估　　价：RMB 1,500,000~1,800,000

180

黄花梨独板平头案

年　　代：明

尺　　寸：长156.5厘米　宽43.9厘米　高82.8厘米

拍卖时间：舍得　2011年9月25日
　　　　　中国古典家具黄花梨、紫檀专场拍卖会　第20号

估　　价：RMB 1,600,000~2,000,000

181

181

黄花梨高束腰五足香儿

年　　代：清早期

尺　　寸：面径45厘米　高70厘米

拍卖时间：舍得　2011年9月25日
　　　　　中国古典家具黄花梨、紫檀专场拍卖会　第33号

估　　价：RMB 800,000~1,200,000

182

182

黄花梨瓜棱腿平头案

年　　代：清早期

尺　　寸：长203.2厘米　宽52.7厘米　高80厘米

拍卖时间：舍得　2011年9月25日
　　　　　中国古典家具黄花梨、紫檀专场拍卖会　第26号

估　　价：RMB 800,000~1,000,000

183

黄花梨裹腿加卡子花方桌

年　　代：明末

尺　　寸：长94.5厘米　宽94.5厘米　高83厘米

拍卖时间：舍得　2011年9月25日

　　　　　中国古典家具黄花梨、紫檀专场拍卖会　第18号

估　　价：RMB 800,000~1,000,000

183

184

184

黄花梨裹腿罗锅枨加卡子花条桌

年　　代：清

尺　　寸：长118厘米　宽70厘米　高83.5厘米

拍卖时间：舍得　2011年9月25日

　　　　　中国古典家具黄花梨、紫檀专场拍卖会　第56号

估　　价：RMB 500,000~600,000

185

黄花梨夹头榫平头案

年　　代：清

尺　　寸：长153厘米　宽60.5厘米　高80.5厘米

拍卖时间：舍得　2011年9月25日

　　　　　中国古典家具黄花梨、紫檀专场拍卖会　第55号

估　　价：RMB 650,000~800,000

185

186

黄花梨夹头榫平头案

年　　代：清早期

尺　　寸：长102厘米　宽39厘米　高80厘米

拍卖时间：舍得　2011年9月25日

　　　　　中国古典家具黄花梨、紫檀专场拍卖会　第63号

估　　价：RMB 500,000~600,000

186

187

187

黄花梨夹头榫翘头案

年　　代：清早期

尺　　寸：长189厘米　宽46.7厘米　高84.8厘米

拍卖时间：舍得　2011年9月25日

　　　　　中国古典家具黄花梨、紫檀专场拍卖会　第21号

估　　价：RMB 1,200,000-1,500,000

189

黄花梨翘头条桌

年　　代：清早期

尺　　寸：长104.5厘米　宽38厘米　高80厘米

拍卖时间：舍得　2011年9月25日

　　　　　中国古典家具黄花梨、紫檀专场拍卖会　第60号

估　　价：RMB 460,000-600,000

188

189

188

黄花梨酒桌

年　　代：清

尺　　寸：长99厘米　宽40厘米　高80厘米

拍卖时间：舍得　2011年9月25日

　　　　　中国古典家具黄花梨、紫檀专场拍卖会　第31号

估　　价：RMB 250,000-350,000

190

黄花梨琴桌

年　　代：清

尺　　寸：长102厘米　宽52厘米　高83厘米

拍卖时间：舍得　2011年9月25日

　　　　　中国古典家具黄花梨、紫檀专场拍卖会　第64号

估　　价：RMB 600,000-800,000

190

191

黄花梨三联橱

年　　代：清早期

尺　　寸：长191.5厘米　宽49.5厘米　高86厘米

拍卖时间：舍得　2011年9月25日

　　　　　中国古典家具黄花梨、紫檀专场拍卖会　第44号

估　　价：RMB 350,000－450,000

192

黄花梨三足固定式灯台

年　　代：明末

尺　　寸：高173厘米

拍卖时间：舍得　2011年9月25日

　　　　　中国古典家具黄花梨、紫檀专场拍卖会　第81号

估　　价：RMB 250,000-300,000

193

黄花梨束腰罗锅枨半桌

年　　代：明

尺　　寸：长85.5厘米,宽43厘米,高84.2厘米

拍卖时间：舍得　2011年9月25日

　　　　　中国古典家具黄花梨、紫檀专场拍卖会　第62号

估　　价：RMB 350,000-450,000

194

黄花梨束腰罗锅枨方桌

年　　代：明

尺　　寸：长96厘米　宽96厘米　高87厘米

拍卖时间：舍得　2011年9月25日

　　　　　中国古典家具黄花梨、紫檀专场拍卖会　第23号

估　　价：RMB 350,000-450,000

195

黄花梨镶金丝楠木面方桌

年　　代：清早期

尺　　寸：长74.3厘米　宽73.3厘米　高76厘米

拍卖时间：舍得　2011年9月25日

　　　　　中国古典家具黄花梨、紫檀专场拍卖会　第29号

估　　价：RMB 500,000-600,000

192

194

193

195

196

198

197

199

196

黄花梨一腿三牙条案

年　　代：清

尺　　寸：长150厘米　宽75厘米　高83厘米

拍卖时间：舍得　2011年9月25日
　　　　　中国古典家具黄花梨、紫檀专场拍卖会　第54号

估　　价：RMB 600,000-800,000

197

黄花梨瘿木插肩榫翘头小酒桌

年　　代：清

尺　　寸：长86.5厘米　宽37.6厘米　高84厘米

拍卖时间：舍得　2011年9月25日
　　　　　中国古典家具黄花梨、紫檀专场拍卖会　第27号

估　　价：RMB 1,200,000-1,600,000

198

黄花梨有束腰霸王枨大画案

年　　代：清

尺　　寸：长195.6厘米　宽100.7厘米　高82.8厘米

拍卖时间：舍得　2011年9月25日
　　　　　中国古典家具黄花梨、紫檀专场拍卖会　第19号

估　　价：RMB 1,300,000-1,600,000

199

黄花梨有束腰炕桌

年　　代：清

尺　　寸：长78厘米　宽40.5厘米　高25厘米

拍卖时间：舍得　2011年9月25日
　　　　　中国古典家具黄花梨、紫檀专场拍卖会　第37号

估　　价：RMB 250,000-350,000

200

201

200

黄花梨圆桌

年　　代：清

尺　　寸：面径86厘米　高83.5厘米

拍卖时间：舍得　2011年9月25日

　　　　　　中国古典家具黄花梨、紫檀专场拍卖会　第25号

估　　价：RMB 550,000—700,000

201

黄花梨账桌

年　　代：清

尺　　寸：长90.5厘米　宽90.5厘米　高89.5厘米

拍卖时间：舍得　2011年9月25日

　　　　　　中国古典家具黄花梨、紫檀专场拍卖会　第14号

估　　价：RMB 800,000—1,000,000

202

203

202

黄花梨五屏式镜台

年　　代：清中期

尺　　寸：高85.5厘米　长62.5厘米　宽36.5厘米

拍卖时间：北京保利（第十六期）　2011年10月22日

　　　　　　异趣交融——中西古典家具　第504号

估　　价：RMB 50,000—80,000

成　交　价：RMB 57,500

203

黄花梨冠、袍橱（同称将军橱）

年　　代：明

尺　　寸：长125厘米　宽53.5厘米　高194.5厘米

拍卖时间：聚德拍卖　2011年12月10日

　　　　　　黄花梨·紫檀专场　第1709号

估　　价：RMB 600,000—1,200,000

204

204

黄花梨双凤戏珠画案

年　　代：清

尺　　寸：长109.8厘米　宽64.8厘米　高86.3厘米

拍卖时间：聚德拍卖　2011年12月10日

　　　　　黄花梨·紫檀专场　第1712号

估　　价：RMB 150,000-300,000

205

黄花梨硬木五屉桌

年　　代：清晚期

尺　　寸：高85.5厘米　长124厘米　宽59厘米

拍卖时间：巴黎佳士得　2011年12月14日

　　　　　亚洲艺术　第112号

估　　价：EUR 6,000-8,000

205

206

黄花梨雕龙方桌

年　　代：明

尺　　寸：高95厘米　长86厘米　宽86厘米

拍卖时间：宁波富邦　2012年2月11日

　　　　　典藏家具　第346号

估　　价：RMB 880,000-1,280,000

成 交 价：RMB 1,344,000

206

207

207

黄花梨闷户橱

年　　代：清

尺　　寸：高86厘米　长127厘米　宽45厘米

拍卖时间：东京中央　2012年2月23日

　　　　　古董珍藏　第1932号

估　　价：JPY 440,000-650,000

208

209

210

211

208

黄花梨白铜包脚半桌

年　　代：明末清中期

尺　　寸：高81.2厘米　长103.5厘米　宽45.8厘米

拍卖时间：纽约佳士得　2012年3月22日

　　　　　御案清玩——普孟斐珍藏选粹　第1312号

估　　价：USD 60,000-80,000

成 交 价：USD 104,500

210

黄花梨有束腰带双屉小炕桌

年　　代：清早期

尺　　寸：长91厘米　宽54厘米　高29厘米

拍卖时间：中国嘉德　2012年5月13日　春季拍卖会胜日

　　　　　芳华——明清古典家具集珍（一）　第2827号

估　　价：RMB 800,000-1,400,000

成 交 价：RMB 920,000

209

黄花梨方桌

年　　代：清18世纪

尺　　寸：高87厘米　长93.3厘米　宽94.6厘米

拍卖时间：纽约佳士得　2012年3月22日

　　　　　御案清玩——普孟斐珍藏选粹　第1322号

估　　价：USD 60,000-80,000

成 交 价：USD 104,500

211

黄花梨高束腰马蹄腿二屉桌

年　　代：清早期

尺　　寸：长73厘米　宽49厘米　高86厘米

拍卖时间：中国嘉德　2012年5月13日　春季拍卖会胜日

　　　　　芳华——明清古典家具集珍（一）　第2829号

估　　价：RMB 2,800,000-4,000,000

成 交 价：RMB 3,220,000

212

213

214

215

212

黄花梨有束腰三弯腿炕桌

年　　代：清早期

尺　　寸：长94厘米　宽63厘米　高30厘米

拍卖时间：中国嘉德　2012年5月13日　春季拍卖会胜日
芳华——明清古典家具集珍（一）　第2830号

估　　价：RMB 600,000-1,400,000

成 交 价：RMB 943,000

213

黄花梨有束腰马蹄腿霸王枨长桌/香案

年　　代：明晚期

尺　　寸：长78厘米　宽33.5厘米　高76厘米

拍卖时间：中国嘉德　2012年5月13日　春季拍卖会胜日
芳华——明清古典家具集珍（一）　第2831号

估　　价：RMB 1,600,000-3,500,000

成 交 价：RMB 1,840,000

214

黄花梨独板螭龙纹翘头案

年　　代：明末清初

尺　　寸：长231厘米　宽51厘米　高84厘米

拍卖时间：中国嘉德　2012年5月13日　春季拍卖会胜日
芳华——明清古典家具集珍（一）　第2832号

估　　价：RMB 5,000,000-8,000,000

成 交 价：RMB 5,750,000

215

黄花梨一腿三牙方桌

年　　代：明末清初

尺　　寸：长101厘米　宽101厘米　高84厘米

拍卖时间：中国嘉德　2012年5月13日　春季拍卖会胜日
芳华——明清古典家具集珍（一）　第2833号

估　　价：RMB 1,200,000-3,800,000

成 交 价：RMB 1,380,000

216

217

218

219

216

黄花梨无束腰罗锅枨直腿香几

年　　代：清早期

尺　　寸：长58.7厘米　宽51.5厘米　高74.5厘米

拍卖时间：中国嘉德　2012年5月13日　春季拍卖会胜日
　　　　　芳华——明清古典家具集珍（一）　第2840号

估　　价：RMB 1,800,000-3,800,000

成 交 价：RMB 3,450,000

218

黄花梨夹头榫大画案

年　　代：明晚期

尺　　寸：长213厘米　宽64厘米　高80厘米

拍卖时间：中国嘉德　2012年5月13日　春季拍卖会胜日
　　　　　芳华——明清古典家具集珍（一）　第2849号

估　　价：RMB 2,800,000-4,000,000

成 交 价：RMB 3,450,000

217

黄花梨独板卷草纹翘头案

年　　代：明末清初

尺　　寸：长209厘米　宽42.5厘米　高97厘米

拍卖时间：中国嘉德　2012年5月13日　春季拍卖会胜日
　　　　　芳华——明清古典家具集珍（一）　第2846号

估　　价：RMB 3,500,000-7,000,000

成 交 价：RMB 4,140,000

219

黄花梨夹头榫书案

年　　代：清早期

尺　　寸：长155厘米　宽52厘米　高81厘米

拍卖时间：中国嘉德　2012年5月13日　春季拍卖会胜日
　　　　　芳华——明清古典家具集珍（一）　第2851号

估　　价：RMB 1,300,000-2,800,000

成 交 价：RMB 1,610,000

220

221

222

223

220

黄花梨有束腰马蹄腿炕桌

年　　代：明末清初
尺　　寸：高29厘米　长97.2厘米　宽62.4厘米
拍卖时间：中国嘉德　2012年5月13日
　　　　　胜日芳华——明清古典家具集珍（二）　第2856号
估　　价：RMB 300,000－800,000
成 交 价：RMB 1,725,000

221

黄花梨无束腰攒罗锅枨条桌

年　　代：明末清初
尺　　寸：高82厘米　长157.4厘米　宽70厘米
拍卖时间：中国嘉德　2012年5月13日
　　　　　胜日芳华——明清古典家具集珍（二）　第2858号
估　　价：RMB 2,800,000－4,800,000
成 交 价：RMB 5,750,000

222

黄花梨嵌瘿木夹头榫酒桌

年　　代：明末清初
尺　　寸：高74.5厘米　长95厘米　宽38.5厘米
拍卖时间：中国嘉德　2012年5月13日
　　　　　胜日芳华——明清古典家具集珍（二）　第2859号
估　　价：RMB 980,000－2,600,000
成 交 价：RMB 1,782,500

223

黄花梨有束腰马蹄腿罗锅枨条桌

年　　代：明末清初
尺　　寸：高88厘米　长111.5厘米　宽54.5厘米
拍卖时间：中国嘉德　2012年5月13日
　　　　　胜日芳华——明清古典家具集珍（二）　第2860号
估　　价：RMB 1,200,000－2,600,000
成 交 价：RMB 2,645,000

224

225

226

224

黄花梨嵌瘿木无束腰马蹄腿霸王枨条桌

年　　代：明末清初

尺　　寸：高79.5厘米　长117.7厘米　宽52厘米

拍卖时间：中国嘉德　2012年5月13日

　　　　　胜日芳华——明清古典家具集珍（二）　第2861号

估　　价：RMB 2,200,000～4,200,000

成 交 价：RMB 4,830,000

225

黄花梨夹头榫小画案

年　　代：明末清初

尺　　寸：高85厘米　长159.5厘米　宽70.4厘米

拍卖时间：中国嘉德　2012年5月13日

　　　　　胜日芳华——明清古典家具集珍（二）　第2863号

估　　价：RMB 2,800,000～4,500,000

成 交 价：RMB 9,430,000

226

黄花梨无束马蹄腿罗锅枨条桌

年　　代：明末清初

尺　　寸：高85.5厘米　长109.5厘米　宽61.5厘米

拍卖时间：中国嘉德　2012年5月13日

　　　　　胜日芳华——明清古典家具集珍（二）　第2864号

估　　价：RMB 880,000～2,000,000

成 交 价：RMB 1,265,000

227

黄花梨圆里腿长条桌

年　　代：明末清初

尺　　寸：高88.5厘米　长185厘米　宽57.2厘米

拍卖时间：中国嘉德　2012年5月13日

　　　　　胜日芳华——明清古典家具集珍（二）　第2865号

估　　价：RMB 2,800,000～5,000,000

成 交 价：RMB 3,660,000

227

228

228

黄花梨独板大翘头案

年　　代：明末清初

尺　　寸：长325.2厘米　宽52厘米　高92.1厘米

拍卖时间：中国嘉德　2012年5月13日　春季拍卖会胜日
　　　　　芳华——明清古典家具集珍（三）　第2869号

估　　价：RMB 28,000,000-40,000,000

成 交 价：RMB 32,200,000

229

黄花梨独板云肩平头案

年　　代：明

尺　　寸：高85.5厘米　长123厘米　宽55厘米

拍卖时间：北京传是　2012年5月17日
　　　　　物得其宜——黄花梨精品专场　第1104号

估　　价：RMB 350,000-500,000

成 交 价：RMB 437,000

229

230

230

黄花梨八腿方面桌

年　　代：清

尺　　寸：高86.5厘米　长96.5厘米　宽95.5厘米

拍卖时间：北京传是　2012年5月17日
　　　　　物得其宜——黄花梨精品专场　第1105号

估　　价：RMB 400,000-500,000

成 交 价：RMB 517,500

231

黄花梨堆层裹腿长桌

年　　代：清

尺　　寸：高86.5厘米　长96.5厘米　宽95.5厘米

拍卖时间：北京传是　2012年5月17日
　　　　　物得其宜——黄花梨精品专场　第1106号

估　　价：RMB 400,000-500,000

成 交 价：RMB 517,500

231

232

232

黄花梨嵌绿石面禹门洞束腰花几

年　　代：清

尺　　寸：高86.5厘米　长96.5厘米　宽95.5厘米

拍卖时间：北京传是　2012年5月17日

　　　　　物得其宜——黄花梨精品专场　第1107号

估　　价：RMB 1,800,000-2,200,000

成 交 价：RMB 2,185,000

233

233

黄花梨罗锅枨酒桌

年　　代：清

尺　　寸：高84厘米　长111厘米　宽55.5厘米

拍卖时间：北京传是　2012年5月17日

　　　　　物得其宜——黄花梨精品专场　第1109号

估　　价：RMB 600,000-800,000

成 交 价：RMB 805,000

234

黄花梨双联闷户橱

年　　代：17世纪

尺　　寸：高85.5厘米　长143厘米　宽54厘米

拍卖时间：北京传是　2012年5月17日

　　　　　物得其宜——黄花梨精品专场　第1110号

估　　价：RMB 500,000-800,000

成 交 价：RMB 1,610,000

234

235

235

黄花梨螭龙画桌

年　　代：17世纪

尺　　寸：高85厘米　长109厘米　宽48.5厘米

拍卖时间：北京传是　2012年5月17日

　　　　　物得其宜——黄花梨精品专场　第1111号

估　　价：RMB 500,000-800,000

成 交 价：RMB 667,000

235

236

236

黄花梨刀牙板平头案

年　　代：清

尺　　寸：高82厘米　长201厘米　宽52.5厘米

拍卖时间：北京传是　2012年5月17日

　　　　　　物得其宜——黄花梨精品专场　第1117号

估　　价：RMB 1,200,000—1,500,000

成 交 价：RMB 1,725,000

237

黄花梨明铆束腰罗锅枨内翻马蹄方桌

年　　代：明

尺　　寸：高86厘米　长94厘米　宽93厘米

拍卖时间：北京传是　2012年5月17日

　　　　　　物得其宜——黄花梨精品专场　第1118号

估　　价：RMB 250,000—350,000

成 交 价：RMB 517,500

237

238

238

黄花梨夹头榫平头案

年　　代：明

尺　　寸：高81.5厘米　长98厘米　宽48.5厘米

拍卖时间：北京传是　2012年5月17日

　　　　　　物得其宜——黄花梨精品专场　第1120号

估　　价：RMB 350,000—450,000

成 交 价：RMB 507,500

239

黄花梨嵌瘿木夹头榫平头案

年　　代：明

尺　　寸：高77.5厘米　长108厘米　宽46.5厘米

拍卖时间：北京传是　2012年5月17日

　　　　　　物得其宜——黄花梨精品专场　第1121号

估　　价：RMB 2,000,000—2,500,000

成 交 价：RMB 2,760,000

239

240

240

黄花梨三弯腿龙纹大炕桌

年　　代：明

尺　　寸：高31厘米　长103.5厘米　宽68厘米

拍卖时间：北京传是　2012年5月17日

　　　　　物得其宜——黄花梨精品专场　第1122号

估　　价：RMB 500,000-600,000

成 交 价：RMB 1,035,000

241

242

241

黄花梨带托泥翘头案

年　　代：明

尺　　寸：高84.5厘米　长142厘米　宽47.5厘米

拍卖时间：北京传是　2012年5月17日

　　　　　物得其宜——黄花梨精品专场　第1123号

估　　价：RMB 800,000-1,000,000

成 交 价：RMB 977,000

242

黄花梨双面竹节棋牌桌

年　　代：清

尺　　寸：高85.5厘米　长83厘米　宽83厘米

拍卖时间：北京传是　2012年5月17日

　　　　　物得其宜——黄花梨精品专场　第1124号

估　　价：RMB 600,000-850,000

成 交 价：RMB 1,150,000

243

黄花梨束腰半桌

年　　代：清

尺　　寸：高72厘米　长240厘米　宽40厘米

拍卖时间：北京传是　2012年5月17日

　　　　　物得其宜——黄花梨精品专场　第1133号

估　　价：RMB 150,000-300,000

成 交 价：RMB 264,000

243

244

245

244

黄花梨束腰罗锅枨内翻马蹄方桌

年　　代：明

尺　　寸：高83.5厘米　长89厘米　宽86厘米

拍卖时间：北京传是　2012年5月17日

　　　　　物得其宜——黄花梨精品专场　第1140号

估　　价：RMB 250,000-350,000

成 交 价：RMB 402,500

245

黄花梨平头长条案

年　　代：17世纪

尺　　寸：高85厘米　长151.7厘米　宽43.2厘米

拍卖时间：伦敦邦汉斯　2012年5月17日

　　　　　中国艺术品　第152号

估　　价：GBP 20,000-30,000

246

246

黄花梨三弯腿饕餮纹炕桌

年　　代：17世纪

尺　　寸：高28.3厘米　长100.4厘米　宽71.5厘米

拍卖时间：伦敦邦汉斯　2012年5月17日

　　　　　中国艺术品　第155号

估　　价：GBP 20,000-30,000

247

黄花梨马蹄足仿青铜器纹炕桌

年　　代：17世纪

尺　　寸：高31.2厘米　长97厘米　宽69厘米

拍卖时间：伦敦邦汉斯　2012年5月17日

　　　　　中国艺术品　第156号

估　　价：GBP 100,000-150,000

247

248

248

黄花梨画案

年　　代：17世纪

尺　　寸：长189厘米　宽74厘米

拍卖时间：伦敦邦汉斯　2012年5月17日

　　　　　中国艺术品　第159号

估　　价：GBP 70,000-90,000

249

黄花梨一柱香如意云纹独板画案

年　　代：清中期

尺　　寸：长153厘米　宽58厘米

拍卖时间：北京保利　2012年6月7日

　　　　　中国古董珍玩　第8193号

估　　价：RMB 1,200,000-1,800,000

成 交 价：RMB 1,380,000

249

250

250

黄花梨束腰方桌

年　　代：明

尺　　寸：高86厘米　长90厘米　宽90厘米

拍卖时间：南京正大　2012年6月16日

　　　　　春季明清古典家具专场　第66号

估　　价：RMB 780,000-1,580,000

成 交 价：RMB 1,456,000

251

黄花梨无束腰罗锅枨方桌

年　　代：清

尺　　寸：高82.5厘米　长100厘米　宽100厘米

拍卖时间：舍得（北京）　2012年6月17日

　　　　　明清黄花梨、红木专场拍卖　第11号

估　　价：RMB 400,000-600,000

成 交 价：RMB 370,000

251

252

253

（局部）

254

252

黄花梨有束腰酒桌

年　　代：清

尺　　寸：高81.5厘米　长101厘米　宽50.5厘米

拍卖时间：舍得（北京）　2012年6月17日
　　　　　明清黄花梨、红木专场拍卖　第13号

估　　价：RMB 300,000~400,000

成 交 价：RMB 330,000

253

黄花梨有束腰雕龙纹棋桌

年　　代：清中期

尺　　寸：高83厘米　长83厘米　宽83厘米

拍卖时间：舍得（北京）　2012年6月17日
　　　　　明清黄花梨、红木专场拍卖　第16号

估　　价：RMB 1,000,000~1,200,000

成 交 价：RMB 1,170,000

254

黄花梨平头案

年　　代：清

尺　　寸：高82厘米　长97.5厘米　宽49厘米

拍卖时间：舍得（北京）　2012年6月17日
　　　　　明清黄花梨、红木专场拍卖　第17号

估　　价：RMB 500,000~600,000

255

黄花梨有束腰展腿式半桌

年　　代：清

尺　　寸：高87厘米　长103.5厘米　宽64厘米

拍卖时间：舍得（北京）　2012年6月17日

　　　　　明清黄花梨、红木专场拍卖　第20号

估　　价：RMB 800,000－1,000,000

256

258

257

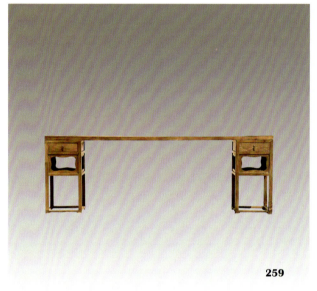

259

256

黄花梨束腰三弯腿炕桌

年　　代：清

尺　　寸：高29厘米　长85厘米　宽54厘米

拍卖时间：舍得（北京）　2012年6月17日
　　　　　明清黄花梨、红木专场拍卖　第28号

估　　价：RMB 600,000—650,000

成 交 价：RMB 920,000

257

黄花梨画案

年　　代：清

尺　　寸：高83厘米　长148厘米　宽81厘米

拍卖时间：舍得（北京）　2012年6月17日
　　　　　明清黄花梨、红木专场拍卖　第34号

估　　价：RMB 800,000—1,000,000

258

黄花梨条案

年　　代：明末

尺　　寸：高85厘米　长181厘米　宽62厘米

拍卖时间：舍得（北京）　2012年6月17日
　　　　　明清黄花梨、红木专场拍卖　第35号

估　　价：RMB 1,200,000—1,500,000

259

黄花梨独板架儿案

年　　代：清早期

尺　　寸：高90.5厘米　长268厘米　宽43厘米

拍卖时间：舍得（北京）　2012年6月17日
　　　　　明清黄花梨、红木专场拍卖　第38号

估　　价：RMB 1,600,000—1,800,000

成 交 价：RMB 2,100,000

260

黄花梨供案

年　　代：清中期

尺　　寸：高80厘米　长106厘米　宽60厘米

拍卖时间：舍得（北京）　2012年6月17日
　　　　　明清黄花梨、红木专场拍卖　第40号

估　　价：RMB 500,000－600,000

260

261

黄花梨大画案

年　　代：清早期

尺　　寸：高80厘米　长199厘米　宽89厘米

拍卖时间：舍得（北京）　2012年6月17日
　　　　　明清黄花梨、红木专场拍卖　第41号

估　　价：RMB 500,000－700,000

成 交 价：RMB 1,340,000

261

262

黄花梨独板云纹翘头案

年　　代：明末清初

尺　　寸：高84厘米　长207厘米　宽53厘米

拍卖时间：舍得（北京）　2012年6月17日
　　　　　明清黄花梨、红木专场拍卖　第46号

估　　价：RMB 1,600,000－1,800,000

262

263

264

265

263

黄花梨裹腿花儿（一对）

年　　代：清

尺　　寸：高80.5厘米　长58.5厘米　宽50.5厘米

拍卖时间：舍得（北京）　2012年6月17日

　　　　　明清黄花梨、红木专场拍卖　第50号

估　　价：RMB 600,000－800,000

264

黄花梨香儿

年　　代：清乾隆

尺　　寸：高42.5厘米　长49厘米　宽47厘米

拍卖时间：舍得（北京）　2012年6月17日

　　　　　明清黄花梨、红木专场拍卖　第51号

估　　价：RMB 1,000,000－1,200,000

265

黄花梨五足香儿（一对）

年　　代：清早期

尺　　寸：高70厘米　直径45厘米

拍卖时间：舍得（北京）　2012年6月17日

　　　　　明清黄花梨、红木专场拍卖　第52号

估　　价：RMB 1,000,000－1,500,000

266

266

黄花梨镜台

年　　代：清

尺　　寸：高18厘米　长27.5厘米　宽27.5厘米

拍卖时间：舍得（北京）　2012年6月17日

　　　　　明清黄花梨、红木专场拍卖　第70号

估　　价：RMB 60,000-80,000

267

黄花梨殿式佛龛

年　　代：清乾隆

尺　　寸：高86厘米　长83厘米　宽72厘米

拍卖时间：舍得（北京）　2012年6月17日

　　　　　明清黄花梨、红木专场拍卖　第72号

估　　价：RMB 180,000-200,000

267

268

268

黄花梨螭纹联二橱

年　　代：清早期

尺　　寸：高82厘米　长105.5厘米　宽58厘米

拍卖时间：舍得（北京）　2012年6月17日

　　　　　明清黄花梨、红木专场拍卖　第63号

估　　价：RMB 600,000-800,000

269

270

269

黄花梨棋桌

年　　代：清初

尺　　寸：长90厘米　宽90厘米　高83厘米

拍卖时间：北京翰海　2012年6月29日　四季拍卖古董
　　　　　　珍玩（一）家具、杂项专场　第1012号

估　　价：RNM 1,600,000

成 交 价：RMB 1,840,000

270

黄花梨束腰条桌

年　　代：清17、18世纪

尺　　寸：长158.5厘米　宽46厘米　高86厘米

拍卖时间：伦敦苏富比　2012年9月7日
　　　　　　重要中国家具及工艺品　第297号

估　　价：GBP 30,000－50,000

成 交 价：GBP 181,250

271

271

黄花梨方桌

年　　代：清

尺　　寸：长75厘米　宽75厘米　高34厘米

拍卖时间：北京翰海　2012年6月29日　四季拍卖古董
　　　　　　珍玩（一）家具、杂项专场　第1152号

估　　价：RNM 10,000

成 交 价：RMB 23,000

272

273

272

黄花梨画案

年　　代：	清17世纪
尺　　寸：	长188厘米　宽45.2厘米　高75厘米
拍卖时间：	伦敦苏富比　2012年9月7日
	重要中国家具及工艺品　第309号
估　　价：	GBP 30,000-50,000
成 交 价：	GBP 49,250

273

黄花梨平头案

年　　代：	清18世纪
尺　　寸：	高81.3厘米　长165.6厘米　宽55.9厘米
拍卖时间：	纽约佳士得　2012年9月14日
	中国重要瓷器及工艺品（二）　第1343号
估　　价：	USD 30,000-50,000
成 交 价：	USD 104,500

274

274

黄花梨喜上眉梢纹宝座式镜台

年　　代：	清18世纪
尺　　寸：	长55.8厘米　宽36.3厘米
拍卖时间：	纽约佳士得　2012年9月14日
	中国重要瓷器及工艺品（二）　第1351号
估　　价：	USD 20,000-40,000
成 交 价：	USD 30,000

275

276

275

黄花梨圆包圆带卡子花大方桌

年　　代：清早期

尺　　寸：高81厘米　长94厘米　宽94厘米

拍卖时间：中国嘉德（香港）　2012年10月7日
观华——明清古典家具及庭院陈设精品　第368号

估　　价：HKD 4,800,000–6,800,000

成 交 价：HKD 2,070,000

276

黄花梨有束腰马蹄腿罗锅枨长条桌

年　　代：明末清初

尺　　寸：高86厘米　长192厘米　宽50厘米

拍卖时间：中国嘉德（香港）　2012年10月7日
观华——明清古典家具及庭院陈设精品　第359号

估　　价：HKD 1,800,000–3,00,000

成 交 价：HKD 2,53000

277

277

黄花梨雕龙纹有屉带托泥翘头炕案

年　　代：清早期

尺　　寸：高44厘米　长161厘米　宽46厘米

拍卖时间：中国嘉德（香港）　2012年10月7日
观华——明清古典家具及庭院陈设精品　第367号

估　　价：HKD 4,800,000–6,800,000

成 交 价：HKD 6,325,000

278

279

278

黄花梨夹头榫圆腿大画案

年　　代：明末清初

尺　　寸：高82厘米　长208厘米　宽75厘米

拍卖时间：中国嘉德（香港）　2012年10月7日

　　　　　观华——明清古典家具及庭院陈设精品　第370号

估　　价：HKD 3,600,000-6,000,000

成 交 价：HKD 6,785,000

279

黄花梨螭龙纹剑腿平头案

年　　代：明末清初

尺　　寸：高88厘米　长212厘米　宽55厘米

拍卖时间：中国嘉德（香港）　2012年10月7日

　　　　　观华——明清古典家具及庭院陈设精品　第376号

估　　价：HKD 3,800,000-5,800,000

成 交 价：HKD 4,370,000

280

280

黄花梨独板雕灵芝纹嵌宝大翘头案

年　　代：明末清初

尺　　寸：高89厘米　长254厘米　宽42.5厘米

拍卖时间：中国嘉德（香港）　2012年10月7日

　　　　　观华——明清古典家具及庭院陈设精品　第374号

估　　价：HKD 7,800,000-10,000,000

成 交 价：HKD 10,350,000

281

黄花梨三屏式镜台

年　　代：清早期

尺　　寸：高81厘米　长51厘米　宽32厘米

拍卖时间：中国嘉德（香港）　2012年10月7日

　　　　　观华——明清古典家具及庭院陈设精品　第377号

估　　价：HKD 400,000-600,000

成 交 价：HKD 1,955,000

282

282

黄花梨有束腰带矮老三弯腿炕桌

年　　代：明

尺　　寸：高28厘米　长99厘米　宽64厘米

拍卖时间：中国嘉德　2012年10月29日

　　　　　澄怀观物——明清古典家具　第3877号

估　　价：RMB 800,000-1,200,000

成 交 价：RMB 1,035,000

283

黄花梨无束腰攒罗锅枨马蹄腿画桌

年　　代：明末清初

尺　　寸：高83厘米　长146厘米　宽74厘米

拍卖时间：中国嘉德　2012年10月29日

　　　　　澄怀观物——明清古典家具　第3882号

估　　价：RMB 2,800,000-3,800,000

成 交 价：RMB 3,680,000

283

284

284

黄花梨无束腰马蹄腿瘿木芯长方香几

年　　代：明末清初

尺　　寸：高80厘米　长84厘米　宽43厘米

拍卖时间：中国嘉德　2012年10月29日

　　　　　澄怀观物——明清古典家具　第3883号

估　　价：RMB 1,200,000-2,200,000

成 交 价：RMB 2,415,000

285

285
黄花梨有束腰马蹄罗锅枨半桌
年　　代：明晚期
尺　　寸：高86厘米　长93厘米　宽52厘米
拍卖时间：中国嘉德　2012年10月29日
　　　　　澄怀观物——明清古典家具　第3886号
估　　价：RMB 950,000-1,800,000
成 交 价：RMB 862,500

286

286
黄花梨半桌
年　　代：清中期
尺　　寸：高85厘米　长92厘米　宽62厘米
拍卖时间：香港佳士得　2012年11月28日　精凝简练——美
　　　　　国私人收藏家珍藏中国家具　第2002号
估　　价：HKD 320,000-480,000
成 交 价：HKD 680,000

287
黄花梨半桌
年　　代：明末/清初
尺　　寸：高80.1厘米　长112.6厘米　宽46.5厘米
拍卖时间：香港佳士得　2012年11月28日　精凝简练——美
　　　　　国私人收藏家珍藏中国家具　第2003号
估　　价：HKD 800,000-1,200,000
成 交 价：HKD 920,000

287

288
黄花梨雕云龙纹翘头案
年　　代：清中期
尺　　寸：高83.5厘米　长288.3厘米　宽44.1厘米
拍卖时间：香港佳士得　2012年11月28日　精凝简练——美
　　　　　国私人收藏家珍藏中国家具　第2004号
估　　价：HKD 800,000-1,200,000
成 交 价：HKD 3,620,000

288

289

290

（局部）

289

黄花梨画案

年　　代：明末/清初

尺　　寸：高84.3厘米　长121.4厘米　宽72.3厘米

拍卖时间：香港佳士得　2012年11月28日　精凝简练——美
　　　　　国私人收藏家珍藏中国家具　第2009号

估　　价：HKD 3,000,000–5,000,000

成 交 价：HKD 3,380,000

290

黄花梨有屉炕几

年　　代：明末/清初

尺　　寸：高28.2厘米　周长56.5厘米

拍卖时间：香港佳士得　2012年11月28日　精凝简练——美
　　　　　国私人收藏家珍藏中国家具　第2011号

估　　价：HKD 500,000–700,000

成 交 价：HKD 1,220,000

291

黄花梨炕桌

年　　代：明末/清初

尺　　寸：高31.7厘米　长103.8厘米　宽68.9厘米

拍卖时间：香港佳士得　2012年11月28日　精凝简练——美
　　　　　国私人收藏家珍藏中国家具　第2012号

估　　价：HKD 450,000–650,000

成 交 价：HKD 1,580,000

291

292

292

黄花梨雕灵芝兔纹翘头案

年　　代：明末/清初

尺　　寸：高90厘米　长274.3厘米　宽38.1厘米

拍卖时间：香港佳士得　2012年11月28日　精凝简练——美
　　　　　国私人收藏家珍藏中国家具　第2052号

估　　价：HKD 1,500,000-2,500,000

成 交 价：HKD 6,860,000

293

293

黄花梨如意云纹翘头案

年　　代：明末/清初

尺　　寸：高87.5厘米　长218.5厘米　宽47厘米

拍卖时间：香港佳士得　2012年11月28日　精凝简练——美
　　　　　国私人收藏家珍藏中国家具　第2023号

估　　价：HKD 3,000,000-5,000,000

成 交 价：HKD 9,020,000

294

黄花梨方桌

年　　代：明末/清初

尺　　寸：高82.2厘米　长94.4厘米　宽95.2厘米

拍卖时间：香港佳士得　2012年11月28日　精凝简练——美
　　　　　国私人收藏家珍藏中国家具　第2027号

估　　价：HKD 1,500,000–2,500,000

294

295

295

黄花梨平头案

年　　代：清中期

尺　　寸：高83厘米　长207.6厘米　宽61厘米

拍卖时间：香港佳士得　2012年11月28日　精凝简练——美
　　　　　国私人收藏家珍藏中国家具　第2028号

估　　价：HKD 2,400,000–4,000,000

成　交　价：HKD 4,220,000

296

296

黄花梨佛座

年　　代：明

尺　　寸：高12.5厘米　长36.5厘米　宽13.5厘米

拍卖时间：北京保利　2012年12月6日

　　　　　中国古典家具　第7105号

估　　价：RMB 90,000-150,000

成 交 价：RMB 92,000

297

297

黄花梨束腰半桌

年　　代：清

尺　　寸：高82厘米　长111厘米　宽46.5厘米

拍卖时间：北京保利　2012年12月6日

　　　　　中国古典家具　第7128号

估　　价：RMB 350,000-600,000

成 交 价：RMB 460,000

298

298

黄花梨大漆面方形炕几

年　　代：清早期

尺　　寸：高42.5厘米　长85厘米　宽85厘米

拍卖时间：北京保利　2012年12月6日

　　　　　中国古典家具　第7142号

估　　价：RMB 600,000-800,000

成 交 价：RMB 874,000

299

黄花梨两屉供桌

年　　代：清早期

尺　　寸：高85厘米　长70厘米　宽35厘米

拍卖时间：北京保利　2012年12月6日

　　　　　中国古典家具　第7143号

估　　价：RMB 180,000–500,000

成 交 价：RMB 207,000

299

300

黄花梨仿竹六仙桌

年　　代：明晚期

尺　　寸：高83厘米　长87厘米　宽87厘米

拍卖时间：北京保利　2012年12月6日

　　　　　中国古典家具　第7160号

估　　价：RMB 1,000,000–3,000,000

成 交 价：RMB 1,150,000

300

301

黄花梨独板画案

年　　代：明末清初

尺　　寸：高86厘米　长164.8厘米　宽51厘米

拍卖时间：北京保利　2012年12月6日

　　　　　中国古典家具　第7161号

估　　价：RMB 1,000,000–2,000,000

成 交 价：RMB 1,150,000

301

302

黄花梨螭龙纹炕桌

年　　代：清早期

尺　　寸：高31.5厘米　长107厘米　宽69.5厘米

拍卖时间：北京保利　2012年12月6日

　　　　　中国古典家具　第7107号

估　　价：RMB 200,000-400,000

成 交 价：RMB 345,000

贮藏

中国古代黄花梨家具
拍卖投资考成汇典

ZHONG GUO GU DAI HUANG HUA LI
JIA JU PAI MAI TOU ZI KAO CHENG
HUI DIAN

001

003

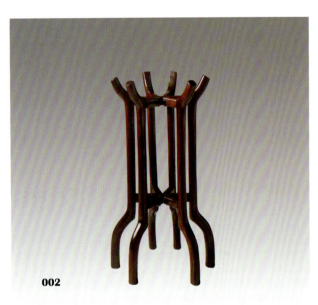

002

004

001

黄花梨低火盆架

年　　代：17世纪

尺　　寸：高17.2厘米　宽51厘米　长51厘米

拍卖时间：纽约佳士得　1997年9月18日
　　　　　　毕格史家藏中国古代家具　第13号

估　　价：USD 10,000－20,000

002

黄花梨盆架

年　　代：清18世纪

尺　　寸：高69.8厘米　径38.7厘米

拍卖时间：纽约苏富比　1999年3月23日
　　　　　　重要的中国古典家具专场　第3号

估　　价：USD 2,500－3,500

003

黄花梨镂空花格柜

年　　代：清17世纪

尺　　寸：高192.4厘米　长105.4厘米　宽48.9厘米

拍卖时间：纽约苏富比　1999年3月23日
　　　　　　重要的中国古典家具专场　第20号

估　　价：USD 40,000－60,000

004

黄花梨镂雕龙纹盆架

年　　代：17世纪

尺　　寸：高168.9厘米　宽48.9厘米

拍卖时间：纽约苏富比　1999年3月23日
　　　　　　重要的中国古典家具专场　第26号

估　　价：USD 35,000－45,000

005

006

007

005

黄花梨木束腰马蹄足火盆架

年　　代：明末清初

尺　　寸：高27.3厘米　长67.9厘米

拍卖时间：纽约苏富比　1999年3月23日

　　　　　重要的中国古典家具专场　第97号

估　　价：USD 30,000-40,000

006

黄花梨嵌瘿子顶箱柜

年　　代：清17世纪至18世纪

尺　　寸：高265.4厘米　长145.4厘米　宽56.5厘米

拍卖时间：纽约苏富比　1999年3月23日

　　　　　重要的中国古典家具专场　第122号

估　　价：USD 40,000-70,000

007

黄花梨方角四件柜

年　　代：明

尺　　寸：高256厘米　宽118厘米　深53厘米

拍卖时间：中国嘉德　1999年4月21日

　　　　　瓷器、漆器、工艺品、家具　第1211号

估　　价：RMB 400,000-600,000

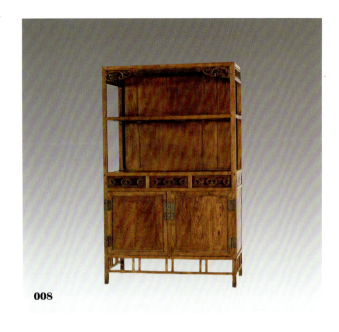

008

010

009

011

008

黄杨木黄花梨画格

年　　代：清中期

尺　　寸：高134厘米　宽83.5厘米　深40.5厘米

拍卖时间：中国嘉德　1999年4月21日

　　　　　瓷器、漆器、工艺品、家具　第1208号

估　　价：RMB 30,000-50,000

010

黄花梨三层架格柜

年　　代：17世纪中期

尺　　寸：高177.2厘米　长93.3厘米　宽43.2厘米

拍卖时间：纽约佳士得　1999年9月16日

　　　　　重要的中国古代家具及工艺精品　第48号

估　　价：USD 70,000-90,000

009

黄花梨镂雕二龙戏珠亮格柜

年　　代：明末清初17世纪

尺　　寸：高182.2厘米　长86.4厘米　宽38.1厘米

拍卖时间：纽约苏富比　1999年3月23日

　　　　　重要的中国古典家具专场　第105号

估　　价：USD 10,000-15,000

011

黄花梨盆架

年　　代：清18世纪

尺　　寸：高63.5.6厘米

拍卖时间：纽约佳士得　1999年9月16日

　　　　　重要的中国古代家具及工艺精品　第70号

估　　价：USD 5,000-7,000

012

黄花梨雕龙硬挤门立柜

年　　代：清18世纪

尺　　寸：高174厘米　长106厘米　宽54.9厘米

拍卖时间：纽约佳士得　1999年9月16日
　　　　　重要的中国古代家具及工艺精品　第129号

估　　价：USD 40,000-60,000

013

黄花梨顶箱柜两件

年　　代：明

尺　　寸：长142厘米　宽60厘米　高267厘米

拍卖时间：北京翰海　2000年7月3日
　　　　　春季拍卖会中国木器家具　第1728号

估　　价：RMB 600,000-800,000

014

黄花梨雕富贵花三节柜

年　　代：明

尺　　寸：长81厘米　宽52厘米　高187厘米

拍卖时间：北京翰海　2000年7月3日
　　　　　春季拍卖会中国木器家具　第1737号

估　　价：RMB 150,000-200,000

015

黄花梨折叠式面盆架

年　　代：17世纪

尺　　寸：高71.1厘米　宽43.2厘米　深43.2厘米

拍卖时间：纽约佳士得　2003年9月18日　Gangolf Geis 私人
　　　　　收藏中国古典家具专场　第12号

估　　价：USD 30,000-40,000

012

014

013

015

016

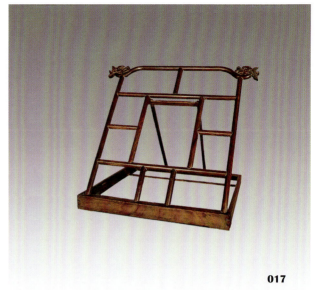

017

016

黄花梨栏杆格架

年　　代：明

尺　　寸：长85.2厘米　宽41.2厘米　高182厘米

拍卖时间：北京翰海　2004年11月22日

　　　　　秋季拍卖会明清家具专场　第3150号

估　　价：RMB 400,000~600,000

成 交 价：RMB 660,000

017

黄花梨书帖架

年　　代：清

尺　　寸：长37.5厘米

拍卖时间：中国嘉德　2007年12月15日

　　　　　四季拍卖玉器、工艺品　第3602号

估　　价：RMB 4,000~6,000

成 交 价：RMB 30,240

018

018

黄花梨方材大圆角柜（两件）

年　　代：明

尺　　寸：长109厘米　宽54厘米　高197.5厘米

拍卖时间：北京翰海　2004年11月22日

　　　　　秋季拍卖会明清家具专场　第3151号

估　　价：RMB 2,600,000~3,000,000

成 交 价：RMB 4,400,000

019

020

019

黄花梨双门小书柜（一对）

年　　代：清

尺　　寸：长43厘米　宽23厘米　高72厘米

拍卖时间：浙江钱塘　2008年6月8日

　　　　　春季艺术品拍卖会　第29号

估　　价：RMB 100,000-200,000

020

黄花梨大小头双门柜

年　　代：明

尺　　寸：长78厘米　宽45厘米　高130厘米

拍卖时间：浙江钱塘　2008年6月8日

　　　　　春季艺术品拍卖会　第138号

估　　价：RMB 300,000-500,000

021

021

黄花梨方角柜

年　　代：明

尺　　寸：长96厘米　宽44厘米　高160厘米

拍卖时间：浙江钱塘　2008年6月8日

　　　　　春季艺术品拍卖会　第15号

估　　价：RMB 350,000-450,000

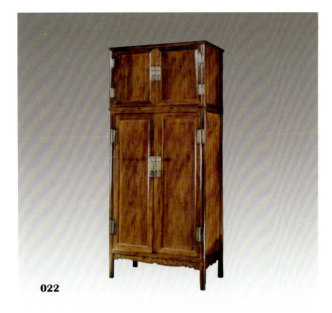

022

024

023

025

022

黄花梨顶箱立柜

年　　代：17世纪至18世纪

尺　　寸：高157.5厘米　长97.8厘米　宽51.8厘米

拍卖时间：纽约苏富比　2009年9月16日

　　　　　赛克勒珍藏中国古典家具地毯专场　第4号

估　　价：USD 25,000－35,000

成 交 价：USD 110,500

023

黄花梨牙板雕缠枝纹顶箱硬挤门立柜（一对）

年　　代：17世纪

尺　　寸：高237.4厘米　长104.1厘米　宽48.9厘米

拍卖时间：纽约苏富比　2009年9月16日

　　　　　赛克勒珍藏中国古典家具地毯专场　第10号

估　　价：USD 120,000－180,000

成 交 价：USD 98,500

024

黄花梨亮格柜

年　　代：17世纪至18世纪

尺　　寸：高157厘米　长97.8厘米　宽48.9厘米

拍卖时间：纽约苏富比　2009年9月16日

　　　　　赛克勒珍藏中国古典家具地毯专场　第18号

估　　价：USD 25,000－35,000

成 交 价：USD 338,500

025

黄花梨素面硬挤门方角立柜（一对）

年　　代：清17世纪至18世纪

尺　　寸：高170.8厘米　长111.8厘米　宽55.2厘米

拍卖时间：纽约苏富比　2009年9月16日

　　　　　赛克勒珍藏中国古典家具地毯专场　第23号

估　　价：USD 70,000－900,000

成 交 价：USD 322,500

026

黄花梨座楠木嵌内胆冰箱

年　　代：清18世纪

尺　　寸：高72.2厘米　长55.9厘米　宽55.9厘米

拍卖时间：纽约苏富比　2009年9月16日

　　　　　赛克勒珍藏中国古典家具地毯专场　第30号

估　　价：USD 25,000-35,000

成　交　价：USD 28,125

027

黄花梨双开门圆角立柜（一对）

年　　代：17世纪

尺　　寸：高81.9厘米　长55.9厘米　宽31.1厘米

拍卖时间：纽约苏富比　2009年9月16日

　　　　　赛克勒珍藏中国古典家具地毯专场　第6号

估　　价：USD 15,000-25,000

成　交　价：USD 86,500

028

黄花梨木折叠式大镜架

年　　代：清早期

尺　　寸：长42.5厘米　宽38.5厘米　高4.3厘米

拍卖时间：永乐佳士得　2009年12月13日

　　　　　明清工艺精品　第695号

估　　价：RMB 60,000-80,000

029

黄花梨书柜

年　　代：明

尺　　寸：高101.5厘米　长72.5厘米　宽47.5厘米

拍卖时间：南京正大　2010年1月17日

　　　　　春季明清古典家具专场　第42号

估　　价：RMB 630,000-830,000

成　交　价：RMB 711,900

026

028

027

029

030

黄花梨瓜棱大面条柜

年　　代：清

尺　　寸：高198厘米　长109厘米　宽59厘米

拍卖时间：南京正大　2010年1月17日
　　　　　春季明清古典家具专场　第48号

估　　价：RMB 1,760,000,000－5,000,000

成 交 价：RMB 1,988,800

031

黄花梨百宝嵌官皮箱

年　　代：明末清初

尺　　寸：长43厘米　宽26.5厘米　高43厘米

拍卖时间：富邦　2010年1月19日　迎春大型艺术品拍卖
　　　　　古木今韵——典藏家具专场　第267号

估　　价：RMB 180,000－380,000

成 交 价：RMB 380,000

032

黄花梨木折叠式镜架

年　　代：清早期

尺　　寸：长38.2厘米　宽35.7厘米

拍卖时间：永乐佳士得　2010年5月18日
　　　　　明清工艺精品　第648号

估　　价：RMB 15,000－25,000

033

黄花梨大画箱

年　　代：清

尺　　寸：长76.5厘米　宽49厘米　高30.3厘米

拍卖时间：浙江佳宝　2010年6月6日
　　　　　宫廷典藏家具拍卖专场　第30号

估　　价：RMB 150,000－200,000

成 交 价：RMB 162,400

030

032

031

033

034

036

035

037

034

黄花梨大画箱

年　　代：清早期

尺　　寸：长86厘米　宽54厘米　高33.5厘米

拍卖时间：浙江佳宝　2010年6月6日
　　　　　宫廷典藏家具拍卖专场　第31号

估　　价：RMB 250,000-350,000

成 交 价：RMB 380,800

035

黄花梨面条柜

年　　代：清

尺　　寸：高124.5厘米　长77厘米　宽44厘米

拍卖时间：南京正大　2010年9月26日
　　　　　春季明清古典家具专场　第59号

估　　价：RMB 160,000-260,000

成 交 价：RMB 179,120

036

黄花梨双门柜

年　　代：清19世纪

尺　　寸：高150厘米　长94厘米　宽47厘米

拍卖时间：伦敦佳士得　2010年11月9日
　　　　　中国古代玉器及工艺品　第0202号

估　　价：GBP 10,000-15,000

成 交 价：GBP 58,850

037

黄花梨官皮箱

年　　代：明

尺　　寸：高34.5厘米

拍卖时间：北京荣宝　2010年11月14日
　　　　　古董文玩专场　第1118号

估　　价：RMB 120,000-180,000

成 交 价：RMB 134,000

038

黄花梨雕龙首衣架

年　　代：明

尺　　寸：长198厘米　宽52厘米　高176厘米

拍卖时间：歌德　2010年11月19日

　　　　　文房清供　第927号

估　　价：RMB 650,000-800,000

成 交 价：RMB 728,000

039

黄花梨盆架

年　　代：清中期

尺　　寸：高68厘米

拍卖时间：歌德　2010年11月19日

　　　　　文房清供　第934号

估　　价：RMB 80,000-90,000

成 交 价：RMB 86,600

040

黄花梨镜架

年　　代：明

尺　　寸：长43厘米　宽39厘米　高35厘米

拍卖时间：中国嘉德　2010年11月21日　秋季拍卖会简约

　　　　　隽永——明式黄花梨家具精品　第2609号

估　　价：RMB 80,000-120,000

成 交 价：RMB 89,600

041

黄花梨冰绽纹小万历柜

年　　代：明

尺　　寸：长42厘米　宽32厘米　高74厘米

拍卖时间：中国嘉德　2010年11月21日　秋季拍卖会简约

　　　　　隽永——明式黄花梨家具精品　第2611号

估　　价：RMB 550,000-850,000

成 交 价：RMB 952,000

038

040

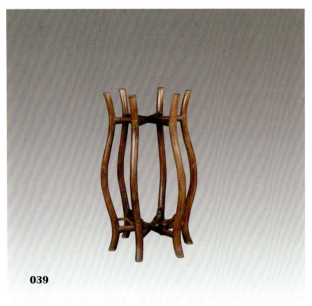

039

041

042

黄花梨带抽屉橱柜

年　　代：明

尺　　寸：长85厘米　宽56厘米　高87厘米

拍卖时间：中国嘉德　2010年11月21日　秋季拍卖会简约
　　　　　隽永——明式黄花梨家具精品　第2613号

估　　价：RMB 350,000-550,000

成 交 价：RMB 1,456,000

043

黄花梨圆角柜

年　　代：明

尺　　寸：长97.9厘米　宽49厘米　高150厘米

拍卖时间：中国嘉德　2010年11月21日　秋季拍卖会简约
　　　　　隽永——明式黄花梨家具精品　第2614号

估　　价：RMB 1,800,000-2,800,000

成 交 价：RMB 2,688,000

044

黄花梨大方角柜

年　　代：清早期

尺　　寸：长108厘米　宽63厘米　高191厘米

拍卖时间：中国嘉德　2010年11月21日　秋季拍卖会简约
　　　　　隽永——明式黄花梨家具精品　第2615号

估　　价：RMB 2,400,000-3,400,000

成 交 价：RMB 4,088,000

045

黄花梨高足方角柜

年　　代：明末清初

尺　　寸：长111厘米　宽43厘米　高180厘米

拍卖时间：中国嘉德　2010年11月21日　秋季拍卖会简约
　　　　　隽永——明式黄花梨家具精品　第2633号

估　　价：RMB 700,000-900,000

成 交 价：RMB 784,000

046

047

048

049

046

黄花梨龙纹格架

年　　代：清早期

尺　　寸：长98厘米　宽48厘米　高177厘米

拍卖时间：中国嘉德　2010年11月21日　秋季拍卖会简约
　　　　　隽永——明式黄花梨家具精品　第2635号

估　　价：RMB 1,000,000—1,500,000

成 交 价：RMB 5,040,000

047

黄花梨四件柜

年　　代：清

尺　　寸：长105厘米　宽54厘米　高251厘米

拍卖时间：中国嘉德　2010年11月21日　秋季拍卖会简约
　　　　　隽永——明式黄花梨家具精品　第2647号

估　　价：RMB 2,800,000—3,800,000

成 交 价：RMB 3,920,000

048

黄花梨佛经柜

年　　代：清早期

尺　　寸：高104厘米　长105厘米　宽40厘米

拍卖时间：南京正大　2010年12月12日
　　　　　秋季宫廷御制古典家具专场　第7号

估　　价：RMB 3,800,000—5,800,000

成 交 价：RMB 4,592,000

049

黄花梨格子纹书柜

年　　代：明

尺　　寸：高180厘米　长97厘米　宽46厘米

拍卖时间：南京正大　2010年12月12日
　　　　　秋季宫廷御制古典家具专场　第38号

估　　价：RMB 680,000—980,000

成 交 价：RMB 873,000

050

051

052

053

050

黄花梨顶箱柜（一对）

年　　代：明

尺　　寸：高163厘米　长89.5厘米　宽47厘米

拍卖时间：南京正大　2010年12月12日

　　　　　秋季宫廷御制古典家具专场　第39号

估　　价：RMB 1,000,000—1,900,000

成 交 价：RMB 1,288,000

052

黄花梨圆角柜

年　　代：明

尺　　寸：长69厘米　宽40厘米　高105厘米

拍卖时间：舍得　2010年12月16日

　　　　　中国明清家具专场拍卖会　第90号

估　　价：RMB 220,000—250,000

051

黄花梨万历柜

年　　代：明

尺　　寸：长72厘米　宽41厘米　高133厘米

拍卖时间：舍得　2010年12月16日

　　　　　中国明清家具专场拍卖会　第78号

估　　价：RMB 230,000—250,000

053

黄花梨花石纹双层书柜（一对）

年　　代：清

尺　　寸：高174.6厘米　长85.7厘米　宽35.9厘米

拍卖时间：舍得拍卖　2011年4月17日

　　　　　中国明清黄花梨、紫檀家具专场拍卖会　第44号

估　　价：RMB 650,000—900,000

成 交 价：RMB 710,000

054

056

055

057

054

黄花梨折叠式琴架

年　　代：明

尺　　寸：高88厘米　长67厘米　宽41厘米

拍卖时间：舍得拍卖　2011年4月17日
　　　　　中国明清黄花梨、紫檀家具专场拍卖会　第63号

估　　价：RMB 160,000－300,000

成 交 价：RMB 160,000

055

黄花梨海水云龙纹单门柜(一对)

年　　代：清早期

尺　　寸：高178厘米　长78.5厘米　宽50厘米

拍卖时间：舍得拍卖　2011年4月17日
　　　　　中国明清黄花梨、紫檀家具专场拍卖会　第47号

估　　价：RMB 8,000,000－12,000,000

成 交 价：RMB 7,900,000

056

黄花梨鼓架

年　　代：清

尺　　寸：高72厘米　直径39厘米

拍卖时间：南京正大　2011年4月23日
　　　　　春季明清古典家具专场　第1号

估　　价：RMB 20,000－50,000

成 交 价：RMB 28,000

057

黄花梨脸盆架

年　　代：清

尺　　寸：高113厘米　直径24厘米

拍卖时间：南京正大　2011年4月23日
　　　　　春季明清古典家具专场　第14号

估　　价：RMB 55,000－85,000

成 交 价：RMB 76,000

058

059

060

058

黄花梨圆角柜（一对）

年　　代：清早期

尺　　寸：高130厘米　长72厘米　宽41厘米

拍卖时间：南京正大　2011年4月23日
　　　　　春季明清古典家具专场　第30号

估　　价：RMB 960,000－1,960,000

成 交 价：RMB 1,288,800

060

黄花梨小方角柜

年　　代：明末

尺　　寸：高83.9厘米　宽59.1厘米　深38.4厘米

拍卖时间：中国嘉德　2011年5月21日
　　　　　读往会心——侣明室藏明式家具　第3334号

估　　价：RMB 800,000－1,200,000

成 交 价：RMB 1,495,000

059

黄花梨亮格柜（一对）

年　　代：清

尺　　寸：高130厘米　长77厘米　厚41厘米

拍卖时间：南京正大　2011年4月23日
　　　　　春季明清古典家具专场　第93号

估　　价：RMB 680,000－980,000

成 交 价：RMB 772,000

061

063

062

064

061

黄花梨方角矮柜

年　　代：明末清初

尺　　寸：高69.5厘米　宽95.6厘米　深42厘米

拍卖时间：中国嘉德　2011年5月21日

　　　　　读往会心——侣明室藏明式家具　第3335号

估　　价：RMB 700,000–1,200,000

成 交 价：RMB 1,495,000

062

黄花梨镜架

年　　代：明末清初

尺　　寸：高40.6厘米　宽47厘米　深45.8厘米

拍卖时间：中国嘉德　2011年5月21日

　　　　　读往会心——侣明室藏明式家具　第3340号

估　　价：RMB 50,000–80,000

成 交 价：RMB 402,500

064

黄花梨方材圆角柜

年　　代：明末

尺　　寸：高178.3厘米　宽91厘米　深53.8厘米

拍卖时间：中国嘉德　2011年5月21日

　　　　　读往会心——侣明室藏明式家具　第3359号

估　　价：RMB 3,000,000–4,000,000

成 交 价：RMB 3,450,000

063

黄花梨嵌斑竹圆角柜（成对）

年　　代：明末清初

尺　　寸：高115.8厘米　宽71.7厘米　深41.6厘米

拍卖时间：中国嘉德　2011年5月21日

　　　　　读往会心——侣明室藏明式家具　第3347号

估　　价：RMB 4,800,000–6,800,000

成 交 价：RMB 5,520,000

065

黄花梨冰绽纹柜

年　　代：明末

尺　　寸：高197.4厘米　宽109.5厘米　深50厘米

拍卖时间：中国嘉德　2011年5月21日

　　　　　读往会心——侣明室藏明式家具　第3371号

估　　价：RMB 5,000,000-8,000,000

成 交 价：RMB 14,375,000

066

黄花梨圆角柜

年　　代：明末清初

尺　　寸：高134.6厘米　宽82.5厘米　深49厘米

拍卖时间：中国嘉德　2011年5月21日

　　　　　读往会心——侣明室藏明式家具　第3380号

估　　价：RMB 1,800,000-2,800,000

成 交 价：RMB 5,750,000

067

黄花梨折叠式六足面盆架

年　　代：明末清初

尺　　寸：高70.6厘米　宽42.5厘米　深38.1厘米

拍卖时间：中国嘉德　2011年5月21日

　　　　　读往会心——侣明室藏明式家具　第3384号

估　　价：RMB 600,000-800,000

成 交 价：RMB 1,955,000

068

黄花梨方材圆角柜

年　　代：明

尺　　寸：高123厘米　长74厘米　宽45厘米

拍卖时间：北京保利　2011年6月6日

　　　　　中国古典家具夜场　第8892号

估　　价：RMB 1,000,000-1,500,000

成 交 价：RMB 1,380,000

069

071

070

072

069

黄花梨无柜膛面条柜

年　　代：明

尺　　寸：高109厘米　长71厘米　宽39厘米

拍卖时间：北京保利　2011年6月6日

　　　　　中国古典家具夜场　第8893号

估　　价：RMB 800,000-1,200,000

成 交 价：RMB 920,000

070

黄花梨小方角柜

年　　代：清

尺　　寸：高50厘米　长38厘米　宽30厘米

拍卖时间：中国嘉德四季　2011年9月19日

　　　　　承古容今——古典家具专场　第5913号

估　　价：RMB 180,000-250,000

成 交 价：RMB 207,000

071

黄花梨带座方角柜

年　　代：清早期

尺　　寸：长90.3厘米　宽47厘米　高177厘米

拍卖时间：舍得　2011年9月25日

　　　　　中国古典家具黄花梨、紫檀专场拍卖会　第42号

估　　价：RMB 1,600,000-2,000,000

072

黄花梨独板方角柜

年　　代：清早期

尺　　寸：长91.4厘米　宽45.1厘米　高168厘米

拍卖时间：舍得　2011年9月25日

　　　　　中国古典家具黄花梨、紫檀专场拍卖会　第41号

估　　价：RMB 1,600,000-1,800,000

073

075

074

076

073

黄花梨面盆架

年　　代：清

尺　　寸：径39厘米　高112厘米

拍卖时间：舍得　2011年9月25日

　　　　　中国古典家具黄花梨、紫檀专场拍卖会　第82号

估　　价：RMB 260,000-300,000

074

黄花梨四面平式小书柜

年　　代：清

尺　　寸：长77.5厘米　宽42.5厘米　高96厘米

拍卖时间：舍得　2011年9月25日

　　　　　中国古典家具黄花梨、紫檀专场拍卖会　第65号

估　　价：RMB 600,000-800,000

075

黄花梨天平架

年　　代：清

尺　　寸：长60.3厘米　宽21.7厘米　高77.5厘米

拍卖时间：舍得　2011年9月25日

　　　　　中国古典家具黄花梨、紫檀专场拍卖会　第85号

估　　价：RMB 400,000-500,000

076

黄花梨小柜（一对）

年　　代：清中期

尺　　寸：高54厘米　长42厘米　宽24厘米

拍卖时间：北京保利（第十六期）　2011年10月22日

　　　　　异趣交融——中西古典家具　第503号

估　　价：RMB 30,000-50,000

成 交 价：RMB 115,000

077

079

078

080

077

黄花梨亮格书架

年　　代：明末清初

尺　　寸：高132厘米　长76厘米　宽39厘米

拍卖时间：北京保利　2011年10月22日

　　　　　宫廷艺术与重要瓷器工艺品　第6253号

估　　价：RMB 2,000,000－3,000,000

078

黄花梨圆角柜一对

年　　代：明

尺　　寸：长82厘米　宽38厘米　高160厘米

拍卖时间：江苏万达国际　2011年12月18日

　　　　　明韵清风雅致天成——明清家具专场　第1606号

估　　价：RMB 600,000－800,000

079

黄花梨书柜

年　　代：宋

尺　　寸：高43厘米　长34厘米　宽26.5厘米

拍卖时间：宁波富邦　2012年2月11日

　　　　　典藏家具　第320号

估　　价：RMB 380,000－580,000

成 交 价：RMB 739,200

080

黄花梨大小头书橱

年　　代：明

尺　　寸：高120厘米　长72.5厘米　宽40厘米

拍卖时间：宁波富邦　2012年2月11日

　　　　　典藏家具　第349号

估　　价：RMB 800,000－1,200,000

成 交 价：RMB 1,456,000

081

黄花梨无柜膛圆角柜

年　　代：清早期

尺　　寸：长84厘米　宽47厘米　高148厘米

拍卖时间：中国嘉德　2012年5月13日　春季拍卖会胜日
　　　　　芳华——明清古典家具集珍（一）　第2823号

估　　价：RMB 300,000-900,000

成 交 价：RMB 1,840,000

082

黄花梨联三橱柜

年　　代：清早期

尺　　寸：长131.5厘米　宽45.5厘米　高80.5厘米

拍卖时间：中国嘉德　2012年5月13日　春季拍卖会胜日
　　　　　芳华——明清古典家具集珍（一）　第2824号

估　　价：RMB 300,000-1,000,000

成 交 价：RMB 667,000

083

黄花梨双抽屉上格券口带栏杆亮格柜

年　　代：明晚期

尺　　寸：长114厘米　宽46厘米　高182厘米

拍卖时间：中国嘉德　2012年5月13日　春季拍卖会胜日
　　　　　芳华——明清古典家具集珍（一）　第2842号

估　　价：RMB 800,000-1,600,000

成 交 价：RMB 977,500

084

黄花梨圆角柜

年　　代：明末清初

尺　　寸：高189.2厘米　宽95.5厘米　深53厘米

拍卖时间：中国嘉德　2012年5月13日
　　　　　胜日芳华——明清古典家具集珍（二）　第2862号

估　　价：RMB 3,800,000-6,800,000

成 交 价：RMB 9,660,000

081

083

082

084

085

087

086

088

085

黄花梨无闩杆圆角柜

年　　代：明末清初

尺　　寸：高191厘米　宽94厘米　深51厘米

拍卖时间：中国嘉德　2012年5月13日

　　　　　胜日芳华——明清古典家具集珍（二）　第2866号

估　　价：RMB 2,800,000—5,000,000

成 交 价：RMB 5,520,000

086

黄花梨圆角柜

年　　代：明

尺　　寸：高197厘米　长113厘米　宽51厘米

拍卖时间：北京传是　2012年5月17日

　　　　　物得其宜——黄花梨精品专场　第1119号

估　　价：RMB 800,000—1,200,000

成 交 价：RMB 1,495,000

087

黄花梨龙纹衣架

年　　代：明

尺　　寸：高174厘米　长201厘米

拍卖时间：北京传是　2012年5月17日

　　　　　物得其宜——黄花梨精品专场　第1136号

估　　价：RMB 150,000—250,000

成 交 价：RMB 747,500

088

黄花梨顶箱柜（一对）

年　　代：明

尺　　寸：高276厘米　长145厘米　宽65厘米

拍卖时间：北京传是　2012年5月17日

　　　　　物得其宜——黄花梨精品专场　第1141号

估　　价：RMB 3,500,000—4,500,000

成 交 价：RMB 5,750,500

089

黄花梨小柜

年　　代：明

尺　　寸：高32厘米　长47.5厘米　宽25厘米

拍卖时间：北京传是　2012年5月17日

物得其宜——黄花梨精品专场　第1142号

估　　价：RMB 150,000-180,000

成　交　价：RMB 218,500

090

黄花梨龙纹镜架

年　　代：清早期

尺　　寸：长40.5厘米　宽42厘米

拍卖时间：北京传是　2012年5月17日

物得其宜——黄花梨精品专场　第1151号

估　　价：RMB 50,000-80,000

成　交　价：RMB 92,000

091

黄花梨圆角柜

年　　代：清早期

尺　　寸：高96厘米　长74.5厘米　宽37.5厘米

拍卖时间：舍得（北京）　2012年6月17日

明清黄花梨、红木专场拍卖　第59号

估　　价：RMB 600,000-650,000

092

黄花梨圆角柜

年　　代：清

尺　　寸：高89厘米　长87厘米　宽47厘米

拍卖时间：舍得（北京）　2012年6月17日

明清黄花梨、红木专场拍卖　第60号

估　　价：RMB 600,000-800,000

089

091

090

092

093

094

095

093

黄花梨万历柜

年　　代：明末清初

尺　　寸：高181厘米　长101厘米　宽41.5厘米

拍卖时间：舍得（北京）　2012年6月17日

　　　　　明清黄花梨、红木专场拍卖　第61号

估　　价：RMB 800,000-1,000,000

094

黄花梨棂格柜

年　　代：明末清初

尺　　寸：高150厘米　长85厘米　宽42厘米

拍卖时间：舍得（北京）　2012年6月17日

　　　　　明清黄花梨、红木专场拍卖　第62号

估　　价：RMB 500,000-600,000

095

黄花梨龙头脸盆架

年　　代：清

尺　　寸：高177厘米　直径45厘米

拍卖时间：舍得（北京）　2012年6月17日

　　　　　明清黄花梨、红木专场拍卖　第69号

估　　价：RMB 400,000-500,000

096

096

096

黄花梨镜架

年　　代：清

尺　　寸：高30厘米　长29厘米　宽36厘米

拍卖时间：舍得（北京）　2012年6月17日

　　　　　明清黄花梨、红木专场拍卖　第71号

估　　价：RMB 40,000—60,000

097

097

黄花梨圆角柜（一对）

年　　代：清

尺　　寸：长74厘米　宽39厘米　高109.5厘米

拍卖时间：中贸圣佳　2012年7月22日

　　　　　春季艺术品拍卖会古典家具专场　第1666号

估　　价：RMB 700,000—1,100,000

成 交 价：RMB 1,265,000

098

098

黄花梨雕龙纹大方角柜

年　　代：明末清初

尺　　寸：高210厘米　长173厘米　厚72厘米

拍卖时间：中国嘉德（香港）　2012年10月7日

　　　　　观华——明清古典家具及庭院陈设精品　第356号

估　　价：HKD 2,800,000—4,600,000

成 交 价：HKD 8,165,000

099

100

101

099

黄花梨无闩杆大圆角柜

年　　代：明末清初

尺　　寸：高185厘米　长106厘米　宽50厘米

拍卖时间：中国嘉德（香港）　2012年10月7日

　　　　　观华——明清古典家具及庭院陈设精品　第373号

估　　价：HKD 3,800,000~5,800,000

成 交 价：HKD 5,750,000

100

黄花梨圆角柜

年　　代：明末清初

尺　　寸：高144.8厘米　长77厘米　宽44厘米

拍卖时间：中国嘉德　2012年10月29日

　　　　　澄怀观物——明清古典家具　第3876号

估　　价：RMB 1,500,000~2,500,000

成 交 价：RMB 1,667,500

101

黄花梨大脸盆架

年　　代：清中期

尺　　寸：高186厘米　长65.5厘米　宽58厘米

拍卖时间：中国嘉德　2012年10月29日

　　　　　澄怀观物——明清古典家具　第3896号

估　　价：RMB 2,000,000~4,000,000

成 交 价：RMB 2,415,000

102

黄花梨方腿圆角柜（一对）

年　　代：清早期

尺　　寸：高155厘米　长105厘米　宽43厘米

拍卖时间：中国嘉德　2012年10月29日

　　　　　澄怀观物——明清古典家具　第3899号

估　　价：RMB 2,600,000—4,600,000

成　交　价：RMB 5,520,000

源　　流：嘉木堂旧藏

103

黄花梨小书柜

年　　代：清早期

尺　　寸：高87厘米　长71厘米　宽37.5厘米

拍卖时间：中国嘉德　2012年10月29日

　　　　　澄怀观物——明清古典家具　第3915号

估　　价：RMB 360,000—560,000

成　交　价：RMB 437,000

104

黄花梨圆角柜

年　　代：清初

尺　　寸：高124.1厘米　宽75.2厘米　深43.5厘米

拍卖时间：香港佳士得　2012年11月28日　精凝简练——美

　　　　　国私人收藏家珍藏中国家具　第2015号

估　　价：HKD 400,000—550,000

成　交　价：HKD 1,220,000

105

106

108

黄花梨方角柜（一对）

年　　代：明末/清初

尺　　寸：高103.1厘米　宽89.5厘米　深44.3厘米

拍卖时间：香港佳士得　2012年11月28日　精凝简练——美
　　　　　国私人收藏家珍藏中国家具　第2051号

估　　价：HKD 3,000,000-5,000,000

成 交 价：HKD 6,740,000

106

黄花梨镶楸木圆角柜（一对）

年　　代：清初

尺　　寸：高93.5厘米　宽66厘米　深38.7厘米

拍卖时间：香港佳士得　2012年11月28日　精凝简练——美
　　　　　国私人收藏家珍藏中国家具　第2017号

估　　价：HKD 1,200,000-1,600,000

成 交 价：HKD 1,460,000

107

108

109

107

黄花梨圈口栏杆亮格柜（一对）

年　　代：清初

尺　　寸：高190.5厘米　宽109.8厘米　深55.3厘米

拍卖时间：香港佳士得　2012年11月28日　精凝简练——美
　　　　　国私人收藏家珍藏中国家具　第2018号

估　　价：HKD 2,400,000-4,000,000

成 交 价：HKD 23,060,000

105

黄花梨大衣箱

年　　代：明末/清初

尺　　寸：高33.5厘米　宽102.6厘米　深51.1厘米

拍卖时间：香港佳士得　2012年11月28日　精凝简练——美
　　　　　国私人收藏家珍藏中国家具　第2016号

估　　价：HKD 300,000-450,000

成 交 价：HKD 2,420,000

109

黄花梨方角柜

年　　代：清初

尺　　寸：高170.8厘米　宽96.4厘米　深59厘米

拍卖时间：香港佳士得　2012年11月28日　精凝简练——美
　　　　　国私人收藏家珍藏中国家具　第2029号

估　　价：HKD 1,200,000-1,800,000

成 交 价：HKD 1,220,000

110

110

黄花梨卡子花栏杆架格

年　　代：明末清初

尺　　寸：高171厘米　长84.5厘米　宽41厘米

拍卖时间：北京保利　2012年12月6日

　　　　　中国古典家具　第7109号

估　　价：RMB 2,000,000—4,000,000

成 交 价：RMB 2,300,000

111

黄花梨四面平方角柜

年　　代：明末清初

尺　　寸：高193厘米　长102厘米　宽57.5厘米

拍卖时间：北京保利　2012年12月6日

　　　　　中国古典家具　第7152号

估　　价：RMB 1,500,000—2,500,000

成 交 价：RMB 1,725,000

111

屏蔽

中国古代黄花梨家具
拍卖投资考成汇典

ZHONG GUO GU DAI HUANG HUA LI
JIA JU PAI MAI TOU ZI KAO CHENG
HUI DIAN

001

黄花梨镂空人物纹围屏（十二堂））

年　　代：17世纪

尺　　寸：高330厘米　宽45.7厘米（单扇）

拍卖时间：纽约佳士得　1999年9月16日

　　　　　重要的中国古代家具及工艺精品　第106号

估　　价：USD 200,000-250,000

002

002
黄花梨浮雕花卉屏风（四屏）
年　　代：明
尺　　寸：长175厘米　宽46.5厘米
拍卖时间：北京翰海　2004年11月22日
　　　　　秋季拍卖会明清家具专场　第3154号
估　　价：RMB 300,000-400,000

003
黄花梨五扇小屏风
年　　代：清
尺　　寸：宽90厘米　高63厘米
拍卖时间：中国嘉德　1999年10月27日
　　　　　秋季拍卖会古典家具　第1162号
估　　价：RMB 4,000-6,000

003

004

黄花梨龙纹插屏

年　　代：明

尺　　寸：高69厘米

拍卖时间：雍和嘉诚　2007年5月20日

　　　　　中国古董珍玩　第1329号

估　　价：RMB 16,000-30,000

成 交 价：RMB 17,600

005

黄花梨大屏风（六扇）

年　　代：明

尺　　寸：长268厘米　宽57厘米

拍卖时间：南京正大　2006年11月26日

　　　　　古典家具瓷器玉器专场　第28号

估　　价：RMB 260,000-360,000

004

005

一八六

006

黄花梨框漆地嵌百宝博古挂屏（一对）

年　　代：清乾隆

尺　　寸：高90.5厘米　宽62.5厘米

拍卖时间：北京匡时　2012年6月4日

　　　　　清代宫廷艺术品专场　第1259号

估　　价：RMB 800,000–1,200,000

成 交 价：RMB 1,127,000

006

黄花梨框漆地嵌百宝博古挂屏（一对）

007

007

黄花梨嵌绿端石插屏

年　　代：明

尺　　寸：高51厘米　长50厘米　宽24厘米

拍卖时间：浙江钱塘　2008年6月8日
　　　　　春季艺术品拍卖会　第162号

估　　价：RMB 80,000-100,000

008

黄花梨透雕龙纹挂屏（一对）

年　　代：明

尺　　寸：长41厘米

拍卖时间：北京保利　2009年5月30日
　　　　　省吾庐清玩　第1531号

估　　价：RMB 30,000-50,000

成　交　价：RMB 78,400

008

009

黄花梨雕龙十二扇大屏风

年　　代：清

拍卖时间：南京正大　2009年6月7日

　　　　　春季明清古典家具专场　第278号

估　　价：RMB 7,800,000-10,000,000

010

黄花梨浮雕花卉屏风（四屏）

年　　代：清早期

尺　　寸：长46.5厘米　高175厘米

拍卖时间：北京翰海　2009年11月10日　十五周年庆典拍卖会明清家具　第2838号

估　　价：RMB 100,000-150,000

成 交 价：RMB 156,800

011

黄花梨龙纹大地屏

年　　代：清

尺　　寸：高196厘米　长113厘米　宽54厘米

拍卖时间：南京正大　2010年12月12日　秋季宫廷御制古典家具专场　第36号

估　　价：RMB 2,900,000-4,900,000

成 交 价：RMB 3,920,000

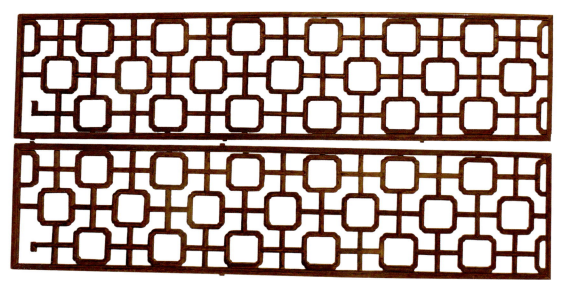

012

012

黄花梨格形屏扇（一对）

年　　代：清

尺　　寸：宽40.5厘米　高170厘米

拍卖时间：富邦　2010年1月19日　迎春大型艺术品

　　　　　拍卖古木今韵——典藏家具专场　第318号

估　　价：RMB 30,000-50,000

成 交 价：RMB 50,000

013

黄花梨浩封小屏风

年　　代：清

尺　　寸：高91厘米

拍卖时间：北京保利（第十期精品）　2010年3月20日

　　　　　工艺品　第1858号

估　　价：无底价

成 交 价：RMB 190,000

013

014

014

黄花梨嵌玉博古图万寿无疆挂屏（一对）

年　　代：清乾隆

尺　　寸：高179厘米

拍卖时间：华辰拍卖　2010年5月15日

　　　　　荷香书屋拾珍——张宗宪先生收藏　第1050号

估　　价：RMB 180,000–280,000

015

黄花梨嵌绿石插屏

年　　代：清早期

尺　　寸：高45.5厘米

拍卖时间：北京保利　2010年6月5日

　　　　　中国古董珍玩　第5492号

估　　价：RMB 30,000–50,000

成　交　价：RMB 84,000

015

016

016

黄花梨雕龙绿纹石插屏

年　　代：清早期

尺　　寸：长66厘米　宽25厘米　高71厘米

拍卖时间：北京瀚海　2009年11月11日

　　　　　十翠轩——文人雅玩集萃　第3020号

估　　价：RMB 120,000-150,000

017

黄花梨框剔红插屏

年　　代：清

尺　　寸：长54.5厘米　宽39厘米　高95厘米

拍卖时间：舍得　2010年12月16日

　　　　　中国明清家具专场拍卖会　第101号

估　　价：RMB 250,000-280,000

017

018

黄花梨四抹围屏（六屏）

年　　代：清早期

尺　　寸：厚3.2厘米　长337厘米　宽220厘米

拍卖时间：舍得拍卖　2011年4月17日

　　　　　中国明清黄花梨、紫檀家具专场拍卖会第　57号

估　　价：RMB 1,200,000—2,600,000

019

020

019

黄花梨八仙人物书屏

年　　代：清

尺　　寸：高43厘米　长102.5厘米

拍卖时间：南京正大　2011年4月23日

　　　　　春季明清古典家具专场　第8号

估　　价：RMB 88,000-188,000

成 交 价：RMB 179,000

020

黄花梨嵌大理石屏风

年　　代：明末清初

尺　　寸：高184.4厘米　宽95.2厘米　深49厘米

拍卖时间：中国嘉德　2011年5月21日

　　　　　读往会心——侣明室藏明式家具　第3388号

估　　价：RMB 3,500,000-4,500,000

成 交 价：RMB 5,520,000

021

021

黄花梨五抹八扇围屏

年　　代：清早期

尺　　寸：高148.6厘米　宽250厘米　厚2厘米

拍卖时间：中国嘉德　2011年5月21日

　　　　　读往会心——侣明室藏明式家具　第3390号

估　　价：RMB 800,000-1,200,000

成 交 价：RMB 2,765,000

022

黄花梨雕花围屏

年　　代：清中期

尺　　寸：高275厘米　宽50厘米　厚3.5厘米

拍卖时间：北京保利（第十六期）　2011年10月22日

　　　　　异趣交融——中西古典家具　第509号

估　　价：RMB 200,000-300,000

成 交 价：RMB 230,000

022

023

黄花梨螭龙纹绿石插屏

年　　代：清早期

尺　　寸：长55厘米　宽38厘米　高73厘米

拍卖时间：中国嘉德　2012年5月13日　春季拍卖会胜日芳华——明清古典家具集珍（一）　第2843号

估　　价：RMB 800,000-1,400,000

成 交 价：RMB 920,000

024

黄花梨嵌大理石面插屏

年　　代：明晚期

尺　　寸：长46厘米　宽27.5厘米　高63.5厘米

拍卖时间：中国嘉德　2012年5月13日　春季拍卖会胜日芳华——明清古典家具集珍（一）　第2854号

估　　价：RMB 600,000-1,400,000

成 交 价：RMB 943,000

025

026

025

黄花梨雕龙绿纹石插屏

年　　代：清早期

尺　　寸：长66厘米　宽25厘米　高71厘米

拍卖时间：北京瀚海　2009年11月11日

　　　　　十翠轩——文人雅玩集萃　第3020号

估　　价：RMB 120,000~150,000

026

黄花梨雕螭龙纹十二扇大围屏

年　　代：明

尺　　寸：高292厘米　长630厘米　厚3厘米

拍卖时间：南京正大　2012年6月16日

　　　　　春季明清古典家具专场　第33号

估　　价：待询

027

028

027

黄花梨镶大理石砚屏

年　　代：清早期

尺　　寸：高24.5厘米　长13.5厘米　宽9.5厘米

拍卖时间：舍得（北京）　2012年6月17日

　　　　　明清黄花梨、红木专场拍卖　第67号

估　　价：RMB 15,000-20,000

028

黄花梨嵌螺钿婴戏博古纹插屏

年　　代：明

尺　　寸：高30.5厘米

拍卖时间：中贸圣佳　2012年7月22日

　　　　　古董珍玩工艺品专场　第2111号

估　　价：RMB 90,000-150,000

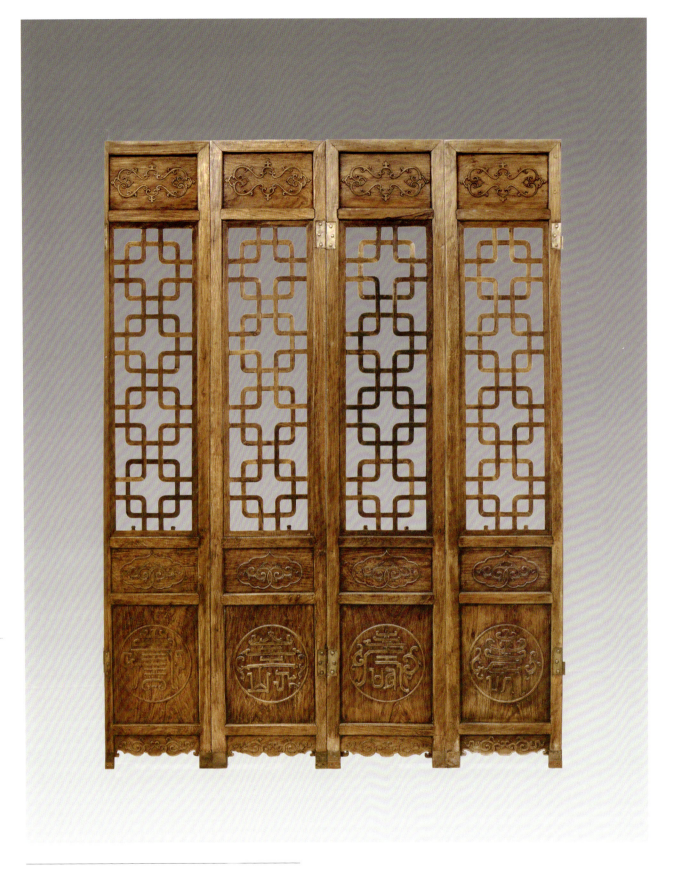

029

黄花梨五抹寿字纹隔扇（四堂）

年　　代：清中期

尺　　寸：高221厘米　长160厘米

拍卖时间：中国嘉德（香港）　2012年10月7日　观华——明清古典家具及庭院陈设精品　第382号

估　　价：HKD 500,000-800,000

成 交 价：HKD 1,012,000

030

黄花梨嵌大理石案屏

年　　代：清中期

尺　　寸：高49.7厘米　宽40.5厘米　深18.9厘米

拍卖时间：香港佳士得　2012年11月28日　精凝简练——美国私人收藏家珍藏中国家具　第2001号

估　　价：HKD 240,000~400,000

成 交 价：HKD 596,000

031

031

黄花梨嵌大理石案屏

年　　代：清初

尺　　寸：高48.9厘米　宽43.2厘米　深14.8厘米

拍卖时间：香港佳士得　2012年11月28日

　　　　　精凝简练——美国私人收藏家珍藏中国家具　第2014号

估　　价：HKD 240,000-400,000

成 交 价：HKD 475,000

032

黄花梨框嵌绿石插屏

年　　代：明晚期

尺　　寸：高36厘米　宽28.4厘米

拍卖时间：北京保利　2012年12月6日

　　　　　中国古典家具　第7124号

估　　价：RMB 400,000-600,000

成 交 价：RMB 632,500

032

文房及其它

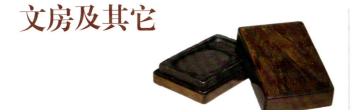

中国古代黄花梨家具
拍卖投资考成汇典

ZHONG GUO GU DAI HUANG HUA LI
JIA JU PAI MAI TOU ZI KAO CHENG
HUI DIAN

001

002

003

004

005

001

黄花梨透雕镜台

年　　代：清

尺　　寸：长20.5厘米　宽33厘米　高33厘米

拍卖时间：中国嘉德　1996年4月20日　春季拍卖会瓷器、
　　　　　玉器、鼻烟壶、工艺品专场　第893号

估　　价：RMB 18,000-22,000

成 交 价：RMB 16,500

002

黄花梨镂空龙纹人物故事镜奁

年　　代：清17世纪

尺　　寸：高76.2厘米　长52.1厘米　宽33.7厘米

拍卖时间：纽约苏富比　1999年3月23日
　　　　　重要的中国古典家具专场　第23号

估　　价：USD 6,000-8,000

003

黄花梨螭龙纹天平

年　　代：17世纪

尺　　寸：高74.9厘米　长60.3厘米　宽24.8厘米

拍卖时间：纽约苏富比　1999年3月23日
　　　　　重要的中国古典家具专场　第29号

估　　价：USD 15,000-20,000

004

黄花梨官皮箱

年　　代：清早期

尺　　寸：长33厘米　宽24厘米　高30厘米

拍卖时间：中国嘉德　1999年10月27日
　　　　　秋季拍卖会古典家具　第1168号

估　　价：RMB 20,000-30,000

成 交 价：RMB 22,000

005

黄花梨药箱

年　　代：清中期

尺　　寸：长28.5厘米　宽23.5厘米　高33.5厘米

拍卖时间：中国嘉德　1999年10月27日
　　　　　秋季拍卖会古典家具　第1170号

估　　价：RMB 8,000-10,000

成 交 价：RMB 8,800

006

黄花梨镜支

年　　代：明

尺　　寸：宽32厘米　高41厘米

拍卖时间：中国嘉德　1999年10月27日
　　　　　　秋季拍卖会古典家具　第1165号

估　　价：RMB 70,000~90,000

007

黄花梨灯台

年　　代：16世纪晚期/17世纪早期

尺　　寸：高26.6厘米　宽29.8厘米　深11.9厘米

拍卖时间：纽约佳士得　2002年9月20日
　　　　　　攻玉山房藏明式黄花梨家具专场　第18号

估　　价：USD 20,000~30,000

008

黄花梨镶螺钿小箱

年　　代：明

尺　　寸：高14.4厘米　长36厘米　宽20.7厘米

拍卖时间：南京正大　2008年1月19日
　　　　　　迎春明清古典家具专场　第61号

估　　价：RMB 25,000~85,000

成　交　价：RMB 40,000

009

黄花梨大画筒

年　　代：明

尺　　寸：高34厘米　口径44.5厘米

拍卖时间：南京正大　2008年1月19日
　　　　　　迎春明清古典家具专场　第133号

估　　价：RMB 120,000~220,000

成　交　价：RMB 209,000

010

黄花梨多抽提箱

年　　代：清

尺　　寸：高27厘米　长32厘米　宽18.7厘米

拍卖时间：浙江钱塘　2008年6月8日
　　　　　　春季艺术品拍卖会　第163号

估　　价：RMB 30,000~40,000

006

007

008

009

010

011

012

014

013

015

011

黄花梨木提匣

年　　代：明

尺　　寸：长32.5厘米

拍卖时间：2009年7月5日　上海大众第一届精品古董拍卖会新海
　　　　　上雅集——江南旧韵　第448号

估　　价：RMB 30,000

成 交 价：RMB 44,800

013

黄花梨木镜箱

年　　代：明

尺　　寸：长23厘米　宽22.5厘米　高9厘米

拍卖时间：永乐佳士得　2009年12月13日
　　　　　明清工艺精品　第696号

估　　价：RMB 100,000-120,000

012

黄花梨书箱

年　　代：明

尺　　寸：长40厘米　宽22厘米　高17厘米

拍卖时间：新华富邦　2009年8月16日
　　　　　夏季艺术品拍卖会典藏家具专场　第160号

估　　价：RMB 30,000-45,000

成 交 价：RMB 35,000

014

黄花梨木雕双狮纹马鞍

年　　代：明

尺　　寸：尺寸不一

拍卖时间：2010年1月3日　上海大众第2届精品古董拍卖会新海
　　　　　上雅集——海外回珍　第800号

估　　价：RMB 35,000

015

黄花梨轿箱

年　　代：明

尺　　寸：高13厘米　长78厘米　宽18厘米

拍卖时间：南京正大　2010年1月17日
　　　　　春季明清古典家具专场　第16号

估　　价：RMB 196,000-406,000

016

黄花梨马鞍

年　　代：明

尺　　寸：高15厘米　长33厘米　宽28厘米

拍卖时间：南京正大　2010年1月17日

　　　　　春季明清古典家具专场　第77号

估　　价：RMB 12,000-22,000

成 交 价：RMB 13,560

017

黄花梨木独板轿厢

年　　代：清早期

尺　　寸：长74.6厘米　宽17.8厘米　高13厘米

拍卖时间：永乐佳士得　2010年5月18日

　　　　　明清工艺精品　第640号

估　　价：RMB 120,000-150,000

018

黄花梨木平顶小官皮箱

年　　代：清早期

尺　　寸：长32厘米　宽23.5厘米　高32.5厘米

拍卖时间：永乐佳士得　2010年5月18日

　　　　　明清工艺精品　第641号

估　　价：RMB 70,000-80,000

019

黄花梨木浮雕夔龙纹官皮箱

年　　代：清早期

尺　　寸：长37.5厘米　宽29厘米　高32.8厘米

拍卖时间：永乐佳士得　2010年5月18日

　　　　　明清工艺精品　第643号

估　　价：RMB 150,000-180,000

020

黄花梨木大官皮箱

年　　代：清中期

尺　　寸：长43.5厘米　宽29.5厘米　高38.8厘米

拍卖时间：永乐佳士得　2010年5月18日

　　　　　明清工艺精品　第645号

估　　价：RMB 50,000-60,000

016

017

018　　**019**

020

021

022

023

024

025

021

黄花梨镜奁

年　　代：明

尺　　寸：高59厘米　长33厘米　宽33厘米

拍卖时间：南京正大　2010年5月23日

　　　　　春季明清古典家具专场　第10号

估　　价：RMB 390,000—590,000

成 交 价：RMB 548,000

022

黄花梨束腰鼓腿案上案

年　　代：明

尺　　寸：高6.2厘米　长38厘米　宽23厘米

拍卖时间：北京保利　2010年6月5日

　　　　　木石犀象之属　第4709号

估　　价：RMB 85,000—100,000

成 交 价：RMB 95,000

023

黄花梨官皮箱

年　　代：清初

尺　　寸：高34厘米　长41.5厘米　宽38厘米

拍卖时间：北京匡时　2010年6月6日

　　　　　瓷玉工艺品专场　第1399号

估　　价：RMB 180,000—200,000

成 交 价：RMB 201,000

024

黄花梨承盘

年　　代：清中期

尺　　寸：长32.5厘米　宽20.1厘米　高10.3厘米

拍卖时间：西泠印社　2010年7月6日

　　　　　文房清玩·首届香具、茶具专场　第2616号

估　　价：RMB 20,000—35,000

成 交 价：RMB 89,600

025

黄花梨镶石雕太狮少狮图座镜

年　　代：清

尺　　寸：长58厘米　高93厘米

拍卖时间：歌德　2010年11月19日

　　　　　文房清供　第931号

估　　价：RMB 250,000—350,000

成 交 价：RMB 280,000

026

027

026

黄花梨轿箱

年　　代：明

尺　　寸：长75厘米　宽19厘米　高14厘米

拍卖时间：中国嘉德　2010年11月21日　秋季拍卖会简约
隽永——明式黄花梨家具精品　第2607号

估　　价：RMB 150,000-250,000

成 交 价：RMB 425,600

027

黄花梨提盒

年　　代：清早期

尺　　寸：长37厘米　宽22厘米　高24厘米

拍卖时间：中国嘉德　2010年11月21日　秋季拍卖会简约
隽永——明式黄花梨家具精品　第2608号

估　　价：RMB 200,000-300,000

成 交 价：RMB 224,000

028

028

黄花梨盝顶官皮箱

年　　代：清早期

尺　　寸：长35厘米　宽26厘米　高36厘米

拍卖时间：中国嘉德　2010年11月21日　秋季拍卖会简约
隽永——明式黄花梨家具精品　第2610号

估　　价：RMB 100,000-200,000

成 交 价：RMB 739,200

029

029

黄花梨轿箱

年　　代：明

尺　　寸：高14.5厘米　长66厘米　宽17.7厘米

拍卖时间：南京正大　2010年12月12日
秋季宫廷御制古典家具专场　第54号

估　　价：RMB 86,000-186,000

成 交 价：RMB 145,000

030

黄花梨雕龙头宫灯（一套四件）

年　　代：明

尺　　寸：高60.5厘米　径58.5厘米

拍卖时间：南京正大　2010年12月12日
秋季宫廷御制古典家具专场　第53号

估　　价：RMB 110,000-320,000

成 交 价：RMB 123,200

030

031

黄花梨鞍桥

年　　代：清早期

尺　　寸：长32厘米

拍卖时间：北京保利（第十四期）　2011年4月16日
　　　　　京华余晖——清宫木器杂项　第313号

估　　价：无底价

成 交 价：RMB 57,500

032

黄花梨官皮箱

年　　代：明

尺　　寸：高30.5厘米　长32厘米　宽23厘米

拍卖时间：舍得拍卖　2011年4月17日
　　　　　中国明清黄花梨、紫檀家具专场拍卖会　第58号

估　　价：RMB 80,000-120,000

成 交 价：RMB 70,000

033

黄花梨瘿木书盒

年　　代：清

尺　　寸：高19厘米　长38厘米　宽22厘米

拍卖时间：舍得拍卖　2011年4月17日
　　　　　中国明清黄花梨、紫檀家具专场拍卖会　第83号

估　　价：RMB 50,000-80,000

成 交 价：RMB 45,000

034

黄花梨马扎

年　　代：清早期

尺　　寸：高48厘米　长56厘米　宽49厘米

拍卖时间：南京正大　2011年4月23日
　　　　　春季明清古典家具专场　第16号

估　　价：RMB 28,000-58,000

成 交 价：RMB 100,800

035

黄花梨小方盒

年　　代：明末清初

尺　　寸：高13.5厘米　宽15.9厘米　深15.9厘米

拍卖时间：中国嘉德　2011年5月21日
　　　　　读往会心——侣明室藏明式家具　第3322号

估　　价：RMB 30,000-50,000

成 交 价：RMB 135,000

033

031

034

032

035

036

038

039

037

040

036

黄花梨画匣

年　　代：明末清初

尺　　寸：高8.3厘米　宽46.2厘米　深8.4厘米

拍卖时间：中国嘉德　2011年5月21日

　　　　　读往会心——侣明室藏明式家具　第3339号

估　　价：RMB 50,000-80,000

成 交 价：RMB 138,000

037

黄花梨盝顶箱

年　　代：明末清初

尺　　寸：高40.8厘米　宽38.7厘米　深29.7厘米

拍卖时间：中国嘉德　2011年5月21日

　　　　　读往会心——侣明室藏明式家具　第3341号

估　　价：RMB 100,000-150,000

成 交 价：RMB 782,000

038

黄花梨脚踏

年　　代：明末清初

尺　　寸：高14.7厘米　宽82厘米　深35厘米

拍卖时间：中国嘉德　2011年5月21日

　　　　　读往会心——侣明室藏明式家具　第3363号

估　　价：RMB 150,000-200,000

成 交 价：RMB 517,500

039

黄花梨茶壶桶

年　　代：明末清初

尺　　寸：高29.2厘米　深24.1厘米

拍卖时间：中国嘉德　2011年5月21日

　　　　　读往会心——侣明室藏明式家具　第3373号

估　　价：RMB 80,000-120,000

成 交 价：RMB 437,000

040

黄花梨轿箱

年　　代：明末

尺　　寸：高14.3厘米　宽74.9厘米　深17.2厘米

拍卖时间：中国嘉德　2011年5月21日

　　　　　读往会心——侣明室藏明式家具　第3375号

估　　价：RMB 150,000-200,000

成 交 价：RMB 632,500

041

041

黄花梨提盒

年　　代：明末清初

尺　　寸：高22.5厘米　宽37.6厘米　深21厘米

拍卖时间：中国嘉德　2011年5月21日

　　　　　读往会心——侣明室藏明式家具　第3381号

估　　价：RMB 50,000-80,000

成 交 价：RMB 1,150,000

042

042

黄花梨衣箱

年　　代：明末

尺　　寸：高35.4厘米　宽69.2厘米　深39.3厘米

拍卖时间：中国嘉德　2011年5月21日

　　　　　读往会心——侣明室藏明式家具　第3383号

估　　价：RMB 600,000-900,000

成 交 价：RMB 1,330,000

043

黄花梨拜盒

年　　代：清中期

尺　　寸：高13厘米　长31.5厘米　宽17厘米

拍卖时间：中国嘉德四季　2011年6月20日　佳器

　　　　　遗构——明清家具构件及古典家具专场　第5327号

估　　价：无底价

成 交 价：RMB 23,000

043

044

黄花梨大笔筒

年　　代：清早期

尺　　寸：直径28厘米

拍卖时间：中国嘉德四季　2011年6月20日　佳器

　　　　　遗构——明清家具构件及古典家具专场　第5332号

估　　价：RMB 200,000-300,000

成 交 价：RMB 345,000

044

045

045

黄花梨提盒

年　　代：明

尺　　寸：长34厘米　宽18.5厘米　高22厘米

拍卖时间：舍得　2011年9月25日

　　　　　中国古典家具黄花梨、紫檀专场拍卖会　第75号

估　　价：RMB 800,000~1,000,000

046

黄花梨轿箱

年　　代：清中期

尺　　寸：高14厘米　长75厘米　宽17厘米

拍卖时间：北京保利（第十六期）　2011年10月22日

　　　　　异趣交融——中西古典家具　第502号

估　　价：RMB 30,000~50,000

成 交 价：RMB 69,000

046

047

黄花梨木官皮箱

年　　代：明

尺　　寸：长34厘米　宽23.5厘米　高32.7厘米

拍卖时间：永乐佳士得　2011年11月15日

　　　　　重要明清瓷器、金锭及工艺精品　第161号

估　　价：RMB 50,000~80,000

成 交 价：RMB 57,500

047

048

048

黄花梨官皮箱

年　　代：明

尺　　寸：高33厘米　长33厘米　宽22厘米

拍卖时间：江苏万达国际　2011年12月18日

　　　　　明韵清风雅致天成——明清家具专场　第1591号

估　　价：RMB 150,000~200,000

049

黄花梨官皮箱

年　　代：明

尺　　寸：长44厘米　宽30厘米　高43厘米

拍卖时间：江苏万达国际　2011年12月18日

　　　　　明韵清风雅致天成——明清家具专场　第1592号

估　　价：RMB 80,000~100,000

049

050

051

052

053

黄花梨状元箱

年　　代：明

尺　　寸：高18.5厘米　长40厘米　宽24厘米

拍卖时间：宁波富邦　2012年2月11日

　　　　　　典藏家具　第238号

估　　价：RMB 120,000-220,000

成 交 价：RMB 220,600

054

黄花梨枕箱

年　　代：明

尺　　寸：高15厘米　长54.5厘米　宽14.5厘米

拍卖时间：宁波富邦　2012年2月11日

　　　　　　典藏家具　第241号

估　　价：RMB 90,000-180,000

成 交 价：RMB 179,200

050

黄花梨书箱

年　　代：明

尺　　寸：长38厘米　宽22厘米　高18厘米

拍卖时间：浙江佳宝　2011年12月28日

　　　　　　长物江南——私人珍藏专场　第112号

估　　价：RMB 40,000-60,000

成 交 价：RMB 67,200

051

黄花梨印盒

年　　代：明

尺　　寸：高6.5厘米　长13.5厘米　宽10厘米

拍卖时间：宁波富邦　2012年2月11日

　　　　　　典藏家具　第232号

估　　价：RMB 40,000-50,000

成 交 价：RMB 78,400

052

黄花梨砚板盒

年　　代：明

尺　　寸：高5.5厘米　长17厘米　宽11.5厘米

拍卖时间：宁波富邦　2012年2月11日

　　　　　　典藏家具　第235号

估　　价：RMB 40,000-50,000

成 交 价：RMB 56,000

053

054

055

黄花梨嵌白铜折叠中国象棋围棋盘

年　　代：明末/清中期

尺　　寸：长49厘米

拍卖时间：纽约佳士得　2012年3月22日

御案清玩——普孟斐珍藏选粹　第1307号

估　　价：USD 20,000–30,000

成　交　价：USD 40,000

056

黄花梨七屉药箱

年　　代：清早期

尺　　寸：长37厘米　宽28厘米　高37厘米

拍卖时间：中国嘉德　2012年5月13日　春季拍卖会胜日

芳华——明清古典家具集珍（一）　第2821号

估　　价：RMB 30,000–100,000

成　交　价：RMB 218,500

058

055

059

056

057

057

黄花梨官皮箱

年　　代：清早期

尺　　寸：长24.5厘米　宽21厘米　高22厘米

拍卖时间：中国嘉德　2012年5月13日　春季拍卖会胜日

芳华——明清古典家具集珍（一）　第2822号

估　　价：RMB 10,000–80,000

成　交　价：RMB 149,500

058

黄花梨米仓

年　　代：明

尺　　寸：高82厘米　长79.5厘米　宽57.5厘米

拍卖时间：北京传是　2012年5月17日

物得其宜——黄花梨精品专场　第1127号

估　　价：RMB 150,000–250,000

成　交　价：RMB 230,000

059

黄花梨凉枕

年　　代：清早期

尺　　寸：长63.5厘米

拍卖时间：北京传是　2012年5月17日

物得其宜——黄花梨精品专场　第1128号

估　　价：RMB 5,000–8,000

成　交　价：RMB 43,000

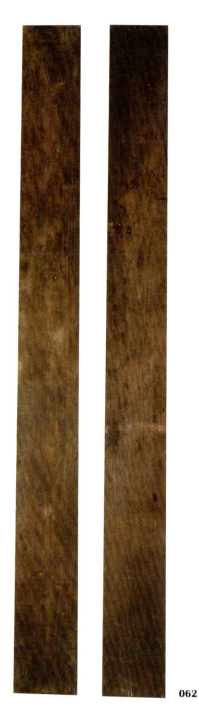

060

060

黄花梨扁担

年　　代：清

尺　　寸：长139厘米

拍卖时间：北京传是　2012年5月17日
　　　　　物得其宜——黄花梨精品专场　第1129号

估　　价：RMB 60,000-80,000

成 交 价：RMB 103,500

061

黄花梨堂棍

年　　代：清

尺　　寸：长171厘米

拍卖时间：北京传是　2012年5月17日
　　　　　物得其宜——黄花梨精品专场　第1130号

估　　价：RMB 20,000-40,000

成 交 价：RMB 69,000

062

黄花梨门板

年　　代：清

尺　　寸：长240厘米

拍卖时间：北京传是　2012年5月17日
　　　　　物得其宜——黄花梨精品专场　第1131号

估　　价：RMB 100,000-200,000

成 交 价：RMB 253,000

063

黄花梨手提七屉药箱

年　　代：明

尺　　寸：高33.5厘米　长36.5厘米　宽23.5厘米

拍卖时间：北京传是　2012年5月17日
　　　　　物得其宜——黄花梨精品专场　第1169号

估　　价：RMB 150,000-200,000

成 交 价：RMB 25,300

064

黄花梨镂雕花鸟纹窗（一对）

年　　代：清

尺　　寸：长82厘米　宽54.5厘米

拍卖时间：北京传是　2012年5月17日
　　　　　物得其宜——黄花梨精品专场　第1167号

估　　价：RMB 250,000-300,000

成 交 价：RMB 437,000

061　　　　　　　　**062**

063

064

065

黄花梨官皮箱

年　　代：明

尺　　寸：高33.5厘米　长33.5厘米　宽23厘米

拍卖时间：北京传是　2012年5月17日

　　　　　物得其宜——黄花梨精品专场　第1152号

估　　价：RMB 300,000－450,000

成 交 价：RMB 460,000

066

黄花梨官皮箱

年　　代：明

尺　　寸：高32.5厘米　长24.5厘米　宽30.5厘米

拍卖时间：北京传是　2012年5月17日

　　　　　物得其宜——黄花梨精品专场　第1143号

估　　价：RMB 150,000－200,000

成 交 价：RMB 230,000

065

066

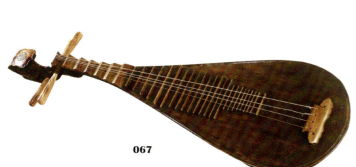

067

068

069

067

黄花梨琵琶

年　　代：清

尺　　寸：长103厘米

拍卖时间：北京传是　2012年5月17日

　　　　　物得其宜——黄花梨精品专场　第1150号

估　　价：RMB 250,000－300,000

成 交 价：RMB 368,000

068

黄花梨鹤足长方高腿呈盘

年　　代：18世纪至19世纪

尺　　寸：长76厘米

拍卖时间：伦敦邦汉斯　2012年5月17日

　　　　　中国艺术品　第158号

估　　价：GBP 10,000－15,0000

069

黄花梨笔筒

年　　代：清17世纪

尺　　寸：高17.3厘米

拍卖时间：巴黎佳士得　2012年6月12日

　　　　　亚洲艺术　第171号

估　　价：EUR 4,000－6,000

070

071

072

073

074

070

黄花梨盖盒

年　　代：清18/19世纪

尺　　寸：长55.5厘米　宽13厘米　高4.7厘米

拍卖时间：巴黎佳士得　2012年6月12日

　　　　　亚洲艺术　第172号

估　　价：EUR 15,000-20,000

071

黄花梨印盒

年　　代：清

尺　　寸：高19厘米　长18厘米　宽12厘米

拍卖时间：舍得（北京）2012年6月17日

　　　　　明清黄花梨、红木专场拍卖　第73号

估　　价：RMB 40,000-60,000

072

黄花梨提盒

年　　代：清

尺　　寸：高23厘米　长35厘米　宽8.5厘米

拍卖时间：舍得（北京）2012年6月17日

　　　　　明清黄花梨、红木专场拍卖　第74号

估　　价：RMB 50,000-60,000

073

黄花梨书箱

年　　代：清

尺　　寸：高23厘米　长45厘米　宽25厘米

拍卖时间：舍得（北京）2012年6月17日

　　　　　明清黄花梨、红木专场拍卖　第75号

估　　价：RMB 150,000-200,000

成 交 价：RMB 190,000

074

黄花梨牌匾

年　　代：明

尺　　寸：长195.5厘米　宽67厘米

拍卖时间：舍得（北京）2012年6月17日

　　　　　明清黄花梨、红木专场拍卖　第78号

估　　价：RMB 500,000-600,000

075

075

黄花梨琵琶

年　　代：明末清初

尺　　寸：高101厘米

拍卖时间：舍得（北京）　2012年6月17日

　　　　　明清黄花梨、红木专场拍卖　第79号

估　　价：RMB 200,000-300,000

成 交 价：RMB 210,000

076

077

076

黄花梨镜台箱

年　　代：清18/19世纪

尺　　寸：高18厘米

拍卖时间：纽约佳士得　2012年9月14日

　　　　　中国重要瓷器及工艺品（二）　第1340号

估　　价：USD 7,000-9,000

成 交 价：USD 47,500

078

黄花梨官皮箱

年　　代：清19世纪

尺　　寸：高30.5厘米　宽33厘米　深23.5厘米

拍卖时间：纽约佳士得　2012年9月14日

　　　　　中国重要瓷器及工艺品（二）　第1353号

估　　价：USD 7,000-9,000

成 交 价：USD 15,000

077

黄花梨提盒

年　　代：明末/清18世纪

尺　　寸：高22.3厘米　宽30.1厘米　深19厘米

拍卖时间：纽约佳士得　2012年9月14日

　　　　　中国重要瓷器及工艺品（二）　第1344号

估　　价：USD 10,000-15,000

成 交 价：USD 12,500

079

黄花梨笔筒

年　　代：清19世纪

尺　　寸：高30.5厘米　宽33厘米　深23.5厘米

拍卖时间：纽约佳士得　2012年9月14日

　　　　　中国重要瓷器及工艺品（二）　第1354号

估　　价：USD 3,000-5,000

成 交 价：USD 4,375

078

079

087

081

087

黄花梨小箱

年　　代：清初

尺　　寸：高15.1厘米　宽38.1厘米　深22厘米

拍卖时间：香港佳士得　2012年11月28日

　　　　　精凝简练——美国私人收藏家珍藏中国家具　第2031号

估　　价：HKD 80,000-120,000

081

黄花梨印匣

年　　代：明末清初

尺　　寸：高18厘米　长14厘米　厚14厘米

拍卖时间：中国嘉德（香港）　2012年10月7日

　　　　　观华——明清古典家具及庭院陈设精品　第353号

估　　价：HKD 50,000-80,000

成 交 价：HKD 59,800

082

083

082

黄花梨双门药箱

年　　代：明末清初

尺　　寸：高34厘米　长34.5厘米　宽23.5厘米

拍卖时间：中国嘉德（香港）　2012年10月7日

　　　　　观华——明清古典家具及庭院陈设精品　第366号

估　　价：HKD 150,000-250,000

成 交 价：HKD 287,500

083

黄花梨镜奁

年　　代：明末清初

尺　　寸：高18厘米　长28厘米　宽27.5厘米

拍卖时间：中国嘉德（香港）　2012年10月7日

　　　　　观华——明清古典家具及庭院陈设精品　第355号

估　　价：HKD 50,000-80,000

成 交 价：HKD 59,000

084

黄花梨镜架官皮箱

年　　代：明末/清初

尺　　寸：高35厘米　宽34.6厘米　深31.4厘米

拍卖时间：香港佳士得　2012年11月28日

　　　　　精凝简练——美国私人收藏家珍藏中国家具　第2013号

估　　价：HKD 200,000—280,000

成 交 价：HKD 500,000

090

黄花梨药箱

年　　代：清

尺　　寸：高31厘米　长34厘米　宽23.8厘米

拍卖时间：北京保利　2012年12月6日　中国古典家具　第7101号

估　　价：RMB 120,000-200,000

成 交 价：RMB 138,000

088

088

黄花梨笔筒

年　　代：清中期

尺　　寸：高16.2厘米

拍卖时间：香港佳士得　2012年11月28日

　　　　　精凝简练——美国私人收藏家珍藏中国家具　第2043号

估　　价：HKD 40,000-55,000

成　交　价：HKD 106,250

089

黄花梨砚盒连砚

年　　代：清中期

尺　　寸：高6.3厘米　宽14.5厘米

拍卖时间：香港佳士得　2012年11月28日

　　　　　精凝简练——美国私人收藏家珍藏中国家具　第2045号

估　　价：HKD 200,000-300,000

成　交　价：HKD 475,000

089

091

黄花梨官皮箱

年　　代：清

尺　　寸：高34.5厘米　长36.5厘米　宽29厘米

拍卖时间：北京保利　2012年12月6日

　　　　　中国古典家具　第7123号

估　　价：RMB 150,000-250,000

成　交　价：RMB 172,500

092

黄花梨滚脚凳

年　　代：明末清初

尺　　寸：高20.5厘米　长77厘米　宽38厘米

拍卖时间：北京保利　2012年12月6日

　　　　　中国古典家具　第7125号

估　　价：RMB 280,000-380,000

成　交　价：RMB 322,000

091

092

085

086

085

黄花梨笔筒

年　　代：清中期

尺　　寸：高19.3厘米

拍卖时间：香港佳士得　2012年11月28日

　　　　　精凝简练——美国私人收藏家珍藏中国家具　第2020号

估　　价：HKD 40,000-65,000

成 交 价：HKD 125,000

086

黄花梨笔筒

年　　代：清中期

尺　　寸：高17.8厘米

拍卖时间：香港佳士得　2012年11月28日

　　　　　精凝简练——美国私人收藏家珍藏中国家具　第2021号

估　　价：HKD 55,000-70,000

成 交 价：HKD 212,500

080

080

黄花梨大书盒

年　　代：明末清初

尺　　寸：高95厘米　长230厘米　厚35厘米

拍卖时间：中国嘉德（香港）　2012年10月7日

　　　　　观华——明清古典家具及庭院陈设精品　第352号

估　　价：HKD 20,000-50,000

成 交 价：HKD 126,500